Geschichten vom Herrn B.

Gesammelte Brecht-Anekdoten

Erzählt von André Müller sen.
und Gerd Semmer

„Ändere die Welt,
sie braucht es."

EULENSPIEGEL VERLAG

Mit einem Anhang: Wer ist wer?

Dialektik

Als Herr B. ein Knabe war, hing seine Versetzung aus der Tertia von einer Klassenarbeit in Französisch ab. Die Arbeit ging daneben. Einem Mitschüler geschah dasselbe in Latein. Dieser radierte einige Fehler aus, ging zum Professor und verlangte eine bessere Note. Er bekam eine schlechtere, die radierten Seiten waren dünn geworden. Herr B. erkannte die Nachteile dieses Verfahrens. Er nahm rote Tinte, strich sich in seiner Arbeit mehrere Stellen als Fehler an, die keine waren, und ging auch zum Professor: Was hier falsch sei? Der Lehrer war bestürzt: Die Stellen seien richtig. – Wenn der Herr Professor sich so in der Zahl der Fehler geirrt habe, meinte Herr B., müsse er ihm doch eine bessere Note geben. Der Lehrer beugte sich dieser Logik, und Herr B. wurde versetzt.

Tauschwert

Der Vater von Herrn B. war Direktor einer kleinen Papierfabrik in der Stadt A. Herr B. besuchte also ein Gymnasium. Den Schulweg hatte er gemeinsam mit Arbeiterjungen aus der Nachbarschaft, mit denen er unterwegs die Frühstücksbrote tauschte. Herr B. erzählte später, beide Parteien seien dabei auf ihre Kosten gekommen: die Arbeiterjungen, weil es ihnen Genugtuung bereitete, die Frühstücksbrote eines Direktorensohns zu essen, er, weil er die Brote der Arbeiterjungen besser belegt fand.

Wettbetrug

In einem Theater seiner Heimatstadt sah Herr B. ein Stück über einen einsamen Dichter, der an seiner Umwelt tragisch zugrunde geht. Es stammte vom späteren Präsidenten der Reichsschrifttumskammer Hanns J., und Herr B. fand es abscheulich. Er erklärte verächtlich: »In drei Tagen schreibe ich ein besseres.«

Seine Freunde lachten darüber. Herr B. wettete mit ihnen und gewann. Es entstand ein Stück über einen stadtbekannten Wüstling, der zugrunde geht, obwohl er gleichzeitig mit zwei Schwestern schläft.

Als das Stück nach vier Jahren uraufgeführt wurde, erinnerten die Freunde Herrn B. voller Stolz an die Wette. »Ja«, erwiderte er ebenso stolz, »das Stück habe ich in drei Tagen geschrieben. Aber für die Änderungen habe ich acht Monate gebraucht.«

Deutsche Bildung

Herr B. war ein guter Schüler. Er liebte es, seine Aufsätze mit Goethe-Zitaten zu belegen, um seinen Ansichten größeren Nachdruck zu verleihen. Die Zitate erfand er selber. Trotzdem fiel er nie auf, weil kein Lehrer zugeben wollte, daß ihm ein Goethe-Werk unbekannt sei.

Schrecken des Krieges

Oft wurde Herr B. gefragt, was ihn so sehr gegen den Krieg einnehme. Herr B. antwortete dann, er habe die Schrecken des Krieges als Sanitätsgehilfe am Ende des Ersten Weltkrieges in einem Lazarett seiner Vaterstadt A. kennengelernt. Die Leute stellten sich dann vor, wie Herr B. als junger Mensch Arme und Beine absägte, Schädel aufmeißelte, blutige Verbände ablöste und eitrige Wunden wusch. Herr B. widersprach nie. Nur wenige Freunde wußten, wo er gearbeitet hatte: in der Abteilung für Geschlechtskranke.

Courtoisie

Herr B. vertrat die Ansicht, man müsse sich den verschiedenen Lebenslagen anzupassen wissen, vor allem dürfe man nichts tun, was unbequem sei. So habe er einmal in seiner Vaterstadt A. mit einem Mädchen plaudern wollen, das sehr schön gewesen sei, aber im zweiten Stock gewohnt habe. Er habe zu dieser Zeit an einem steifen Hals gelitten, und es sei sehr unbequem gewesen, zu ihrem Fenster aufzuschauen. Da er auf die Unterhaltung aber nicht habe verzichten wollen, habe er sich auf das Straßenpflaster gelegt und so mit ihr gesprochen.

Freundschaft

In der Stadt M. wurde nach dem Krieg für ein Freikorps geworben. Ein Schulfreund von Herrn B. war eingetreten, und Herr B. schrieb ihm empört, er werde im Falle seines Heldentodes nicht am Begräbnis teilnehmen. Eine Woche später bereute Herr B. diesen Brief. Er schrieb einen neuen: »Ich habe es mir überlegt. Dummheit ist kein Scheidungsgrund. Ich sehe Deinem Heldentod nunmehr fassungslos entgegen und werde zum Begräbnis kommen.«

Der Schulfreund trat aus dem Freikorps wieder aus.

Solidarität

Am Ende des Ersten Weltkrieges machte Herr B. Dienst in einem Lazarett seiner Vaterstadt A. Seine Abteilung war die der venerisch Erkrankten. Diese hatten Angst vor dem Besuch ihrer Frauen. Wenn sie Besuch erwarteten, bescheinigte Herr B. ihnen deshalb eine giftige Angina, damit sie nicht besucht werden konnten. Herr B. rühmte sich später: »Aber ich habe ihnen zuvor immer in den Hals gesehen und nicht die kleinste Zutraulichkeit gestattet.«

Die Lösung

In A. liebte Herr B. eine Frau und versprach ihr die Ehe. Als er später in die Nachbarstadt M. zog, lernte er eine andere Frau kennen und versprach ihr ebenfalls die Ehe. Die beiden Frauen erfuhren voneinander, trafen sich in einem Café in M. und besprachen ihre Lage. Sie fingen Herrn B. vor dem Theater ab und drangen in ihn, sich zu entscheiden: »Wen von uns willst du nun heiraten?« Herr B. antwortete bescheiden und ernst: »Beide.«

Im Namen des Volkes

In dem Lazarett, wo Herr B. Dienst tat, fehlten Decken: Neben dem Lazarett lagerten Decken, und Herr B. ließ sie stehlen und gab sie den kranken Soldaten. Der Diebstahl wurde entdeckt, und Herr B. wurde mit der Untersuchung beauftragt. Er führte sie mit aller Strenge, aber leider erfolglos.

Lehrjahre

Herr B. liebte leidenschaftlich das Theater. In der Hauptstadt, wo es Dutzende von Theatern gab, quälte er seinen Freund Arnolt B. täglich, mit ihm in die Proben zu gehen. Sie bestachen Putzfrauen, betrogen Pförtner, belogen Bühnenarbeiter und schlichen sich in die Zuschauerräume. Hier war Herr B. glücklich und zufrieden. Sein Freund Arnolt B. konnte das nicht begreifen. Er wußte, wie entschieden Herr B. die ewige Kunst ablehnte, die da gemacht wurde. Die Unersättlichkeit und Zufriedenheit des Herrn B. störte ihn. Er fragte, warum er immer wieder hinrenne.

»Um zu lernen«, antwortete Herr B., »wie man es nicht macht.«

Heldenverehrung

Der erste öffentliche Vortrag der Gedichte von Herrn B. fand 1920 in seiner Heimatstadt A. statt. Es war bei einer Gedenkfeier für die gefallenen Mitglieder des Turnvereins. Später wurde Herr B. gefragt, ob er zufrieden sei.

»Es wäre schöner gewesen«, antwortete Herr B., »wenn meine Gedichte bei einer Feier für die gefallenen weiblichen Mitglieder des Turnvereins gelesen worden wären.«

Klassenbewußtsein

In der Hauptstadt hatte Herr B. nicht immer satt zu essen. Mit seinem Freund Arnolt B. fuhr er oft zu einem bekannten Lokal, wo es Gratisbrötchen gab. Die Stadtbahn hatte damals noch Wagen erster und zweiter Klasse. Auf dem Bahnsteig trennten sich die Freunde – Herr B. stieg in die zweite Klasse, Arnolt B., der ein Monokel trug, in die erste. Am Zielbahnhof trafen sie wieder zusammen.

In dem bekannten Lokal aßen die Freunde dann Erbsensuppe: Arnolt B. ohne, Herr B. mit Speck.

Nervus rerum

In der Stadt M. hörte Herr B. Vorlesungen bei dem Theaterwissenschaftler Arthur K. Dieser betrachtete ihn als seinen Meisterschüler. Als Herr B. sein erstes Stück geschrieben hatte, verriß Arthur K. es und sagte: »Es mangelt ihm jegliche Begabung.« Er fand dann 30 Jahre lang alle Stücke von Herrn B. schlecht.

Da Herr B. einmal im Seminar einen Roman schlecht genannt hatte, den der Professor liebte, meinten die Freunde, das sei die Strafe.

Herr B. korrigierte sie: »Das hätte Arthur K. nie getan. Er war ein deutscher Professor. Er verriß mich, nachdem er erfuhr, daß ich keine Kolleggelder bezahlt hatte.«

Kritische Lektüre

Mitarbeiter fragten Herrn B., wie es ihm gelungen sei, 1933 ins Ausland zu entkommen und zu überleben. Herr B. antwortete, er habe es für unseriös gehalten, den Marxismus nur auf die Geschichte und die Gesellschaft und nicht auch auf die Regelung seiner persönlichen Interessen anzuwenden. So habe er seine spärlichen Finanzen rechtzeitig ins Ausland geschafft, weil er nicht der Meinung der ›Roten Fahne‹ gewesen sei, »daß wir siegen werden«.

Ausbeutung

Die Entbehrungen in der Hauptstadt brachten Herrn B. ins Krankenhaus. Er fühlte sich dort sehr wohl. Er diskutierte mit Ärzten, Schwestern und Kranken, empfing Besuch, studierte die Leute, entwarf Stücke, schrieb Szenen, stapelte Bücher, verhandelte mit Verlegern, sprach mit Schauspielern, konspirierte mit seinen Freunden, kurz, er machte den großen Krankensaal zur Werkstatt.

Sein Freund Arnolt B. erschrak und wünschte, Herr B. möge da herauskommen und Ruhe haben. »Nichts ist so lehrreich«, sagte Herr B. eifrig, »wie ein Krankensaal. Du mußt unbedingt hierherkommen. Eine Krankheit wird sich schon finden lassen.«

Resteverwertung

Für die Kammerspiele in M. hatte Herr B. ein altenglisches Stück über einen homosexuellen König bearbeitet und inszeniert. Er war mit dem Volkskomiker Karl V. befreundet und bat ihn um seinen Rat. Der Komiker kam ins Theater und musterte mit begehrlichen Augen einen Haufen Ritterkostüme, Rüstungen, Schwerter und Spieße und sagte zu Herrn B.: »Wissen's, das übernehme ich alles für mein neues Stück ›Die Raubritter von München‹; die Rüstungen muß man noch etwas ölen ... Das krieg ich dann ganz billig. Hoffentlich setzen's Ihr Stück bald vom Repertoire ab.«

Ein Stück von Arnolt B. sollte zum erstenmal in der Hauptstadt aufgeführt werden. Nach langen Kämpfen gelang es ihm, Herrn B. dem Theater als Regisseur aufzudrängen. Herr B. ging sofort daran, eine neue Spielweise einzuführen. Die Schauspieler, berühmte Leute, wurden von Tag zu Tag ungehaltener. Sie fanden Herrn B. zu jung, um Neuerungen einzuführen. Der Ärger mit Herrn B. endete so, daß ihm der berühmte Schauspieler Heinrich G. auf der Probe seine Rolle vor die Füße warf. Er tat es mit Schwung. Die Inszenierung platzte.

Im Hintergrund des Theaters erlebte der Autor erblassend den Untergang seiner Hoffnungen. Herr B. eilte strahlend auf ihn zu und sagte: »Ich gratuliere dir. Mit denen wäre es nie etwas geworden.«

Leerjahre

Am Anfang der zwanziger Jahre waren Herr B. und der Dramatiker Carl Z. als Dramaturgen am Deutschen Theater von Max R. angestellt. Sie lasen hin und wieder ein eingesandtes Theaterstück und bestätigten sich gegenseitig, es sei Mist. Ihre Haupttätigkeit bestand darin, nach Betreten des Theaters die Aktentasche mit Briketts zu füllen und wieder zu gehen.

Herrn B. war das zuviel Arbeit. Er brachte Carl Z. dazu, allein ins Theater zu gehen und ihm die Hälfte seiner Briketts abzugeben.

Gewöhnung

Der bekannteste Regisseur der Hauptstadt war Max R. Herr B. wurde in seinem Theater als Dramaturg engagiert. Allerdings sprachen sie nie ein Wort miteinander. In der Probe setzte sich Herr B. grußlos hinter den Regisseur und sagte kein Wort, um ihn nicht zu stören. Max R. schaute sich mehrfach nach dem Unbekannten um, sagte aber auch kein Wort. Am nächsten Tag nahm Herr B. wieder schweigend seinen Platz ein, und so blieb es in den folgenden Proben.

Eines Tages kam Herr B. nicht. Der Regisseur schaute suchend in den Zuschauerraum und fragte seinen Assistenten: »Wo ist er heute?«

Geisterkunde

Der Schriftsteller Thomas M. hatte einen gesellschaftskritischen Roman von über 1000 Seiten geschrieben, der unter reichen Schwindsüchtigen spielte. Herr B. fand ihn delikat wie alles von Thomas M. und verfaßte einen Text, den er unter dessen Namen in Umlauf brachte. Darin wurde die Schwierigkeit behandelt, einem Engel von hinten beizuschlafen, ohne ihm die Flügel zu verletzen.

Meisterschaft

Die Inszenierungsmethode des Regisseurs Max R. faszinierte Herrn B. Er schilderte sie dreißig Jahre später immer noch mit Anteilnahme. »Max R. redete nur Stuß in den Proben«, erzählte Herr B. »Er sagte kein vernünftiges Wort. Alles war Quatsch. Nichts stimmte. Aber sonderbar – was dann auf der Bühne gemacht wurde, das stimmte genau.«

Berechtigte Frage

Am Tage seiner Heirat mit der Schauspielerin Helene W. holte Herr B. die Schauspielerin Carola N. vom Bahnhof ab. Er hatte einen Blumenstrauß mitgebracht. Carola N. nahm den Strauß, warf ihn auf die Erde und sprach kein Wort mit Herrn B. Dieser trottete eine Zeitlang stumm hinter ihr her und fragte dann: »Was hast du eigentlich?« Carola N. antwortete: »Immerhin hast du heute geheiratet!« Herr B. erwiderte verwundert: »Na und?«

Liebe auf den zweiten Blick

In einem Restaurant traf der Soziologe Fritz St. zum erstenmal mit Herrn B. zusammen. Er sagte ihm seine Meinung über eins seiner früheren Stücke. Diese Meinung war keine gute. Herr B. hörte sich das an, wandte sich nach einer Weile an den gemeinsamen Bekannten, der sie zusammengebracht hatte, und fragte: »Sag mal, hast du nicht erwähnt, daß Herr St. seinen Doktor in Ökonomie gemacht hat?«

»Allerdings.«

»Frag ihn mal«, sagte Herr B. höhnisch, »ob er mir nicht helfen will, wenn ich mir einen Anzug kaufe. Vielleicht könnte ich das mit seiner Hilfe ökonomischer machen.«

Herr B. nannte den Soziologen später seinen ersten Lehrer.

Urteilsbegründung

Wenige Jahre vor Ausbruch des Zweiten Weltkrieges erregten die Moskauer Prozesse die Sozialisten der ganzen Welt. Da die Angeklagten berühmte Revolutionäre waren, konnte man an ihre Schuld nicht glauben.

Auch der amerikanische Philosoph Sidney H. sprach mit Herrn B. über diese Vorgänge und äußerte erregt, nach seiner Überzeugung seien die Angeklagten unschuldig.

Herr B. erwiderte ebenso erregt: »Je unschuldiger sie sind, desto mehr verdienen sie den Tod.«

Zureichender Grund

Als der erste Reichspräsident der Weimarer Republik, der Sattler Friedrich E. gestorben war, gelang es der Reaktion, den Generalfeldmarschall Paul von H. zum Nachfolger wählen zu lassen. Dieser hatte mehrfach öffentlich erklärt, die Bibel und das Exerzierreglement seien die einzige Lektüre seines Lebens gewesen. In einem grauen offenen Auto fuhr der Verlierer des Ersten Weltkrieges über die Siegesallee zu seiner Amtsübernahme in die Hauptstadt ein. Herr B. ließ sich dieses Ereignis nicht entgehen. Er stand mit dem Stückeschreiber Carl Z. unter der jubelnden Menge und sagte: »Am Ende des ersten Viertels im zwanzigsten Jahrhundert der Christenheit holten sie einen Mann in die Stadt und erwiesen ihm höchste Ehren, weil er noch nie ein Buch gelesen hatte.«

Kunstgriffe

Ein großer Verlagskonzern zeigte Interesse für Herrn B., als man anfing, von ihm zu sprechen. Sie schlossen einen Fünfjahresvertrag: Herr B. bekam jeden Monat 500 Reichsmark und hatte dafür sämtliche Arbeiten dem Konzern abzuliefern. Die Tantiemen aus den Büchern und Aufführungen fielen an den Konzern, bis die Summe von 30 000 Reichsmark aufgerechnet war. Die Arbeiten von Herrn B. waren aber keine finanziellen Erfolge, der Konzern zahlte zu. Herr B. meinte zufrieden: »Das ist wahrscheinlich einer der wenigen Fälle, wo dieser Konzern von einem Autor ausgebeutet wird.«

Eine Oper über zwei Ehrenmänner der Londoner Unterwelt wurde jedoch ein riesiger Erfolg. Der Konzern hoffte, endlich die Summen zu amortisieren, die er jahrelang in Herrn B. investiert hatte. Aber Herr B. verwies auf den Vertrag: Er hatte die Oper zusammen mit anderen geschrieben, und solche Arbeiten fielen nicht unter den Pakt.

Unfähigkeit

Schon in jungen Jahren war Herr B. der Ansicht, die Kunst müsse auch Brot bringen. Seine nächsten Ziele waren ein Wagen und ein Landhaus. Der Erfolg seiner ersten Stücke erlaubte ihm aber nur ein karges Dasein.

Als er die Komödie über einen Transportarbeiter schrieb, der aus Geschäftsgründen eine Zeltplane mit Gasmaske für einen indischen Armee-Elefanten nimmt, fragte er seinen Freund Bernhard R., ob die Komödie wohl auch ein Publikumserfolg werde.

Dieser sagte, nein, die Komödie sei viel zu schroff und aggressiv. Herr B. seufzte und beschloß, die schlimmsten Stellen zu mildern.

Nach einiger Zeit zeigte er Bernhard R. die überarbeiteten Stellen. Sie waren noch schroffer und aggressiver geworden.

Konsequent

Als Herr B. in die Hauptstadt kam, verspürte er das Bedürfnis, in einem Auto zu kutschieren. Er wandte sich an eine Autofirma und handelte sich gegen einen Werbespruch einen Wagen zur freien Benutzung ein. Der Spruch lautete: »Ein Auto, das in der Kurve klebt.«

In einer scharfen Kurve klebte der Wagen allerdings nicht so wie er sollte und verwandelte sich in einen Schrotthaufen. Herr B., dem wie durch ein

Wunder nichts passiert war, holte sofort einen Foto-
grafen, ließ sich vor dem Autowrack fotografieren
und sandte das Foto mit einem neuen Spruch an die
Autofirma ein. Dieser lautete: »Ein Auto, in dem
man überlebt.«

Herr B. erhielt einen neuen Wagen.

Die Schwierigkeit, zu lügen

Einige Freunde sprachen wieder einmal über Politik. Man kam auf Lenin, den ersten Premierminis-
ster der Sozialistischen Räterepublik. Der Zeichner
George G. sagte plötzlich: »Lenin ist ein Zigarren-
händler.« Die Freunde waren empört. Sie schrien,
sprangen auf, verlangten Beweise. Der Zeichner
blieb ungerührt. »Geht auf die Straße«, sagte er kalt,
»in jedem Eckladen steht ein Lenin und verkauft
Zigarren.«

Herr B. hatte zu dem erbitterten Streit kein Wort
gesagt. Als alle erschöpft schwiegen, schob er dem
großen Zeichner ein Blatt Papier und einen Bleistift
hin: »Los«, sagte er, »zeichne Lenin als Zigarren-
händler.«

George G. erbleichte und verließ wortlos das
Zimmer.

Nach dem großen Erfolg seiner Bettler-Oper schrieb Herr B. ein ähnliches Stück, das die vorbildliche Bekehrung eines Gangsters durch einen weiblichen Leutnant der Heilsarmee zeigte. Herr B. hatte das Stück mit der Schriftstellerin Elisabeth H. geschrieben; so wählten sie als Pseudonym einen Frauennamen. Die Proben waren bereits weit fortgeschritten, aber Herr B. schrieb noch am dritten Akt, von dem es nur Fragmente gab. Der Regisseur und der Theaterdirektor schimpften, tobten, telegrafierten. Der dritte Akt wurde nie fertig. Man mußte schließlich das Fragment spielen.

Kurz vor der Generalprobe erschien Herr B. im Theater, immer noch ohne den fertigen Akt. Dafür stellte er dem Theaterdirektor Ernst Joseph A. den Regisseur Bernhard R. vor und empfahl ihn mit den Worten: »Er ist ein Spezialist für Striche. In Moskau hat er den ›Lear‹ auf eineinhalb Stunden zusammengestrichen. Geben Sie ihm zweitausend Mark, und er wird Ihnen zeigen, was man in meinem Stück noch alles streichen kann.«

Talentprobe

Der Regisseur Erwin P. hatte einen Kapitalisten gefunden, der ihm sehr viel Geld gab: für ein revolutionäres Theater. Es gab sehr wenig Stücke für ein solches Unternehmen. So holte der Regisseur allerhand Leute zusammen und trieb sie an, Stücke zu schreiben. Er mietete eine Villa im Grünen und begann ein Stück über die braven Soldaten im Ersten Weltkrieg. Herr B. schrieb, und der Regisseur, der seine beiden Dramaturgen dabei hatte, trieb mit ihnen Frühsport. Sie boxten, machten Waldläufe, sprangen in den See, schwammen um die Wette und gingen zum Schluß noch unter die Dusche.

Herr B. beteiligte sich nicht. Die anderen verspotteten ihn. Herr B. blieb trotzdem daheim. Als Erwin P. ihn wieder einmal in der Frühe mitnehmen wollte und ihm vorhielt, der Mensch müsse sich auch waschen, sagte Herr B. verächtlich: »Waschen verdirbt das Talent.«

Abrüstungsvorschlag

Der Schriftsteller Peter Martin L. hatte ein Stück geschrieben, das den Gebrauchswert von Giftgas über Berlin darstellte. Polizei und Reichswehr erfuhren davon, verlangten eine Zensur und drohten mit Verbot. Der Theaterdirektor Ernst Joseph A. ließ sich darauf ein, eine Probevorstellung zu geben, die nur von Offizieren der Polizei und der Reichswehr besucht wurde.

Vor der Vorstellung machte sich Herr B. auffällig viel hinter der Bühne zu schaffen. Er drückte einem Schauspieler einen Zettel in die Hand, den dieser vor dem Vorhang verlesen sollte. Darauf stand: »Die Herrn Offiziere werden gebeten, ihre Säbel in der Garderobe abzugeben, da den Schauspielern nicht zugemutet werden kann, vor bewaffneten Soldaten zu spielen.«

Telegrammwechsel

Herr B. hatte den Roman über die Schlachthöfe der Stadt Ch. von Upton S. gelesen und kurz darauf die Tragödie der Jungfrau von O. des deutschen Dichters Friedrich Sch. Beide Werke gefielen ihm so gut, daß er ein neues daraus machte. Er bot das Stück Gustaf G. an. Dieser antwortete mit einem Telegramm: »Um Gottes Willen.«

Nach dem Zweiten Weltkrieg leitete Gustaf G. wieder ein Theater und bat nun Herrn B. um die Uraufführungsrechte des abgelehnten Stückes. Herr B. telegrafierte ihm: »Um Gottes Willen.«

Transsubstantiation

Eine große Zeitung der Hauptstadt hatte einen Lyrikwettbewerb ausgeschrieben, und die Jury bestand allein aus Herrn B. Er las aufmerksam mehrere hundert eingesandte Gedichte und lehnte sie alle ab. Statt dessen empfahl er ein Gedicht aus einer Radsportzeitung für den ersten Preis.

Es gab einen Skandal, und eine Zeitung brachte die Schlagzeile: »Herr B., verhalten Sie sich richtig?«

Herr B. schnitt die Zeile aus und hob sie auf. Am nächsten Morgen sah Helene W. die Zeile wieder. Herr B. hatte sie über sein Bett gehängt.

Unbestechlichkeit

Der Moralist Karl K. hatte sich in seiner Zeitschrift mehrfach für Herrn B. eingesetzt, um seinen Erzfeind, den Kritiker Alfred K., zu treffen, der Herrn B. nicht leiden konnte. Ein Freund machte die beiden miteinander bekannt. Herr B. fand den großen Moralisten sehr eindrucksvoll.

»Ein großer Mensch, der Karl K.«, sagte er auf dem Rückweg und fügte mit Bedauern hinzu: »Aber im Ernstfall wird man ihn doch an die Wand stellen müssen.«

Diplomatisch

Der Schauspieler Fritz K. hatte geäußert, der Moralist Karl K. nehme seinen Kampf gegen den Kritiker Alfred K. wichtiger als den gegen die nationale Partei. Das wurde dem Moralisten hinterbracht, und dieser schrieb dem Schauspieler einen 40 Seiten langen Brief, er müsse mit Alfred K. brechen, oder er breche mit ihm.

Bei der ablehnenden Antwort halfen dem Schauspieler Herr B. und der Regisseur Erich E. Die Antwort war zuerst vier Seiten lang und wurde immer kürzer. Endlich blieb nur noch ein Satz übrig, weil Herr B. sagte: »Auf ein Komma lasse ich mich bei Karl K. nicht ein.«

Körperpflege

Viele Bekannte fragten sich, wann Herr B. sich eigentlich rasiere, da er immer zwei Tage alte Bartstoppeln habe. Die Frage wurde nie geklärt. Einem Mann, der grundsätzlich daran Anstoß nahm, daß Herr B. sein Äußeres vernachlässigte, sagte der Philosoph Ernst B.:«Sie irren sich. Herr B. hat sich einen kostspieligen kosmetischen Apparat konstruieren lassen, der ihm Schmutz unter die Fingernägel schiebt.»

Prophezeiung

Kurz nachdem die große nationale Partei in Deutschland die Macht ergriffen hatte, wurden die Bücher von Herrn B. mit Petroleum übergossen und öffentlich verbrannt. Herr B. hatte schon vorher seine Koffer gepackt und war ins Ausland geflohen.

Als er mit seiner Frau in der österreichischen Hauptstadt eintraf, sagte der Moralist Karl K.:«Die Ratten betreten das sinkende Schiff.»

Sammlerstolz

Der Moralist Karl K. führte vierzig Jahre lang monomanisch einen Kampf gegen die schwarze Magie der Presse. Herr B. schilderte seine Begegnungen mit Karl K. folgendermaßen: »Er winkte mich heran, lüftete seine Jacke und zeigte mir die sprachlichen Entgleisungen, die er sich aus Zeitungen ausgeschnitten hatte und in seiner Brieftasche bei sich trug, wie Pornographie.«

Bei allem Wohlwollen

In seiner Jugend hatte Herr B. selber komponiert und war deshalb anspruchsvoll. Die Komponisten, die mit ihm zusammenarbeiteten, wußten ein Lied davon zu singen. Hanns E. war ein Schüler des Komponisten Arnold Sch., der die Zwölftonmusik erfunden hatte. Da er seinen Lehrer sehr verehrte, versuchte er, Herrn B. mit dieser Musik bekannt zu machen. Er fürchtete jedoch, die atonale Musik werde ihm nicht gefallen.

Schließlich spielte er sie ihm vor. Herr B. reagierte, wie erwartet, ablehnend. Er sagte: »Diese Musik ist mir zu melodisch.«

Fechten

Der österreichische Schriftsteller Stefan Z. war sehr reich. Er hatte einst einen großen Verlag finanziert und bewohnte auch in der Emigration komfortable Wohnungen. Eines Tages lud er den Komponisten Hanns E. und Herrn B. zum Essen ein. Beide dachten, Stefan Z. wolle ihnen ein Theater finanzieren, und gingen hin.

Nach dem Essen sagte Herr B. zu seinem Freund: »Spiel doch mal Herrn Z. das Lied von der belebenden Wirkung des Geldes vor.«

Stefan Z. hörte sich das mit steinernem Gesicht an.

Auf Vorschlag von Herrn B. spielte Hanns E. nun das Lied vom Wasserrad und danach das proletarische Saarlied. Herr B. bemerkte hierzu erklärend: »Das ist so eine Kleinigkeit, nur gemacht, um der Sache ein bißchen zu helfen.«

»Sagen Sie nicht Kleinigkeit«, gab Stefan Z. höflich zu bedenken. »Das ist vielleicht Ihr Bestes.«

Von einem Film, den er in der südfranzösischen Hafenstadt M. gesehen hatte, war Herr B. tief beeindruckt. Der Film hieß »Butterfly« und bestand zu 90 Prozent aus Szenen, in denen sich abwechselnd ein Marineoffizier mit der Titelheldin und sein Bursche mit ihrer Zofe im Bett vergnügten. Der Rest zeigte in kurzen Zwischenblenden, wie die beiden Seeleute Taschentücher schwenkend in Japan ankamen und abfuhren, von den beiden Frauen glückstrahlend begrüßt oder weinend verabschiedet. Dazwischen gab es noch Aufnahmen plätschernder Meereswellen, die das Getrenntsein der Liebenden symbolisierten. Alles andere spielte sich im Bett ab, anderthalb Stunden lang.

»Dieser Film«, sagte Herr B., »hat mich durch die glückliche Lösung eines der schwierigsten ästhetischen Probleme beeindruckt. Es war wirklich ein Meisterwerk. Denn bei der Pornographie besteht eben die große Schwierigkeit darin, die nicht pornographischen Partien, ohne die es bedauerlicherweise keine Fabel gibt, auf ein Minimum zu reduzieren.«

Folgen des Hochmuts

Herr B. wollte sich in Skandinavien ein Holzhaus kaufen und suchte dafür 500 Pfund. Der Schauspieler Fritz K. vermittelte ihm eine Mitarbeit an dem Richard-Tauber-Film »Bajazzo«, der in London gedreht wurde. Der Komponist Hanns E. überwachte in dem Film die Musik; er machte sich die Arbeit leicht und schrieb in dieser Zeit auf Kosten der Firma eine eigene Symphonie. Herr B. dagegen schrieb fleißig an dem Skript. Es nahm merkwürdige Formen an. Große dichterische Schönheiten tauchten auf, und Herr B. wurde ausbezahlt und entlassen.

Er war bitter gekränkt.

»Aber ich wurde blutig gerächt«, erzählte er später, »der Film war eine Katastrophe. Die Firma ging daran pleite.«

Wunschdenken

Die Schauspielerin Helene W. und der Literaturwissenschaftler Georg L. stritten heftig miteinander über die Kunst an sich. Herr B. hatte eine Zeitlang interessiert zugehört. Dann wollte er gehen. Helene W. ging ihm nach und sagte, sie könne unmöglich den Kampfplatz verlassen.

Herr B. sagte: »Komm mit. Sag einfach, du seist mir sexuell hörig.«

Ein paar schöne Stunden

Nach einem Roman von Maxim G. hatte Herr B. ein Stück geschrieben, das am Vorabend der nationalen Erneuerung nur in Wirtshaussälen der Hauptstadt aufgeführt werden konnte. Es handelte von einer russischen Mutter, die sich dem Kommunismus in die Arme wirft. Während seiner Emigration hatte Herr B. zum erstenmal die Gelegenheit, das Stück in der Stadt N. Y. im Theater aufführen zu lassen.

Der Regisseur war ein siebzehntklassiger Imitator von Stanislawski. Herr B. und der Komponist Hanns E. nahmen an den Proben teil. Es gab Krach. Herr B. beleidigte einen Pianisten, Hanns E. brüllte den Regisseur an. Beide wurden fast verprügelt und mußten das Theater verlassen. Ihre Hüte wurden ihnen vom Bühnenbildner nachgereicht.

Die Premiere war eine Pleite gigantischer Art. Herr B. und Hanns E. nahmen nicht daran teil. Sie sahen einen Gangsterfilm; wie sie sagten, um soziale Studien zu treiben.

Alarm

In der Emigration schrieb Herr B. eine Szenenfolge über die Zustände im Deutschland des österreichischen Kunstmalers. Darin gab es eine Szene, in der die Frau eines Arztes nach langer Ehe erfahren muß, daß ihr Mann sie verlassen will, weil ihre Blutzusammensetzung den Machthabern nicht gefällt.

Als Herr B. erfuhr, daß der Literaturwissenschaftler Georg L. diese Szene lobte, weil sie direkt aus dem Leben gegriffen sei, fragte Herr B. verzweifelt einen Freund: »Was habe ich nur falsch gemacht?«

Gefahren beim Sagen der Wahrheit

Der Komponist Hanns E. besuchte Herrn B. in der amerikanischen Filmstadt H. und erzählte, ein bekannter Filmregisseur habe ihm wütend gesagt, er wolle nie mehr mit Herrn B. zusammenarbeiten.

Erstaunt sagte Herr B.: »Das verstehe ich nicht. Er war bei mir, und ich habe ihm lediglich die Wahrheit gesagt.«

Der Komponist Hanns E. fragte kopfnickend: »Aber wie laut?«

Staatslehre

Im dänischen Exil unterhielt sich Herr B. mit seinem Freund Walter B. über neue Theorien des Literaturwissenschaftlers Georg L. Es ging um den Expressionismus, und beide lehnten die Ansichten von Georg L. erbittert ab.

»Mit solchen Leuten ist eben kein Staat zu machen«, sagte Walter B.

»Doch«, widersprach Herr B. »Eben nur ein Staat, aber kein Gemeinwesen.«

Kochkunst

Der Komponist Hanns E. und Herr B. besprachen den Plan einer Oper über den Komponisten Rossini. Dieser war berühmt für seine Kochkunst, und es sollte gezeigt werden, wie die bürgerliche Gesellschaft ein großes Talent ruinierte und es zwingt, schlechte Musik zu schreiben.

Der Plan nahm Formen an. Hanns E. schlug vor, bei allen Stellen, wo es um die Musik Rossinis ging, dessen Musik zu nehmen.

»Aber wo es um seine Kochkunst geht«, sagte Herr B., »mußt natürlich du die Musik machen.«

Adel im Untergang

Der Literaturwissenschaftler Georg L. kam aus jüngerem ungarischem Adel. Er traf bei Herrn B. den Schriftsteller Bernard B., der von älterem Adel war. Sie gerieten in Streit über das Prinzip der literarischen Montage. Bernard B. war dafür, Georg L. dagegen. Der Streit war erbittert, beide wurden ausfallend. Bernard B. schreckte vor persönlichen Beleidigungen nicht zurück. Herr B. griff ein und sagte ihm: »Verlassen Sie mein Haus.«

Georg L. bedankte sich: »Das werde ich Ihnen nicht vergessen. Wenn dieser Mensch noch eine Weile weitergesprochen hätte, hätte ich mich mit ihm schlagen müssen.«

Einige Tage später traf Herr B. den anderen Schriftsteller. Dieser bedankte sich ebenfalls: »Sie haben richtig gehandelt. Wenn Georg L. noch eine Weile weitergesprochen hätte, hätte ich mich mit ihm schlagen müssen.«

Herr B. sagte seinem Freund: »Da sind nun beide seit vielen Jahren Kommunisten. Aber kaum unterhalten sie sich über Ästhetik, da schlägt das Aristokratische wieder in ihnen durch.«

Für das Dorfstück von Erwin St., das in gehobener Sprache die Vorzüge eines Traktors im Klassenkampf schildert, sollte der Komponist Hanns E. das Schlußlied vertonen: »Die alte Zeit ist nun herum.«

Als er mit der fertigen Komposition von einer Reise zurückkam, hörte er den Schauspieler Erich F. eine fast dämonische Melodie singen. Hanns E. war begeistert, und Herr B. gab zu, die Melodie selbst komponiert zu haben. »Ich habe mich daran erinnert«, sagte er dem Komponisten, »daß du bei bestimmten Kompositionen die kontrapunktische Methode der Umkehrung benutzt hast. Da ich eine freudige Melodie brauchte, habe ich einfach den Trauermarsch von Chopin umgekehrt.«

Konsequenz

Der Regisseur Erwin P. und Herr B. trafen sich nach langen Jahren in der Stadt N. Y. wieder. Sie gingen in ein Lokal, und der Regisseur bestellte zur Feier des Wiedersehens eine Flasche Rheinwein, die in N. Y. sehr teuer war. Das Lokal war ein vornehmes Lokal, und Herr B. fühlte sich unwohl. Sie beschlossen, in die Wohnung von Erwin P. zu gehen. Herr B. nahm die noch halbvolle Flasche Wein unter den Arm. Erwin P. sagte entsetzt: »Das kannst du nicht machen, das ist ein vornehmes Lokal.«

»Ich weiß«, sagte Herr B. »Aber anders als du bin ich wirklich nicht vornehm.«

Sinngebung

Die Schauspielerin Helene W., die Herr B. sehr schätzte, schenkte ihm im skandinavischen Exil einen kleinen Holzesel, der bei der kleinsten Berührung den Kopf schüttelte. Herr B. betrachtete den Esel, wußte nichts damit anzufangen und stellte ihn achtlos weg.

Nach drei Tagen fand Helene W. den Esel zu ihrer Überraschung wieder auf dem Schreibtisch von Herrn B. Er hatte ihm ein kleines Schild umgehängt, darauf stand: »Auch ich muß es verstehen.«

Nicht koscher

Herr B. war sehr konservativ beim Essen und Trinken. Er verschmähte alles, was er in seiner Vaterstadt A. nicht gegessen hatte. Im Goldenen Westen der berühmten Staaten servierte man ihm ein auserlesenes Gericht, um ihn zu ehren. Er betrachtete es voller Mißtrauen. Dann schob er den Teller mit einer endgültigen Geste von sich und erklärte: »Das ißt man in A. nicht.«

Staatsbewußtsein

Nach seiner Rückkehr aus der Emigration hatte Herr B. die Staatsangehörigkeit des Bruderlandes Ö. angenommen. Er gab sie auch nicht auf, als er in den neuen deutschen Staat übersiedelte.

Befragt, warum er seine Staatsangehörigkeit nicht wechsele, antwortete Herr B.: »Weil ich den Staat, in dem ich jetzt wohne, lobenswert finde und unterstützen will. Es widerstrebt mir, einen Staat zu loben und zu unterstützen, dessen Bürger ich bin. In Ö. aber Neuerungen einführen zu wollen, lohnt sich bekanntlich nicht.«

Briefe zu beantworten war Herrn B. lästig. Seine Post blieb gewöhnlich liegen. Sein amerikanischer Mitarbeiter Eric B. fragte ihn, warum er sich so unhöflich verhalte.

Herr B. sah ihn amüsiert an und erwiderte: »Ein Mann kam in einen Tabakladen und sagte zu dem Besitzer: ›Schenken Sie mir eine Zigarre.‹ Der Besitzer war sprachlos, lachte und gab ihm die Zigarre. Am nächsten Tag kam der Mann wieder und sagte: ›Schenken Sie mir eine Zigarre.‹ Diesmal zögerte der Besitzer, gab sie ihm aber dann. Als der Mann am dritten Tag wieder nach einer Zigarre fragte, blieb der Besitzer standhaft.

›Oh, bitte!‹ sagte der Mann.

›Können Sie mir einen Grund nennen, warum ich Ihnen eine Zigarre schenken soll?‹ fragte der Besitzer.

›Gewiß‹, sagte der Mann, ›ich bin der Mann, dem Sie jeden Tag eine Zigarre schenken.‹«

Besetzungswunsch

Nachdem Herr B. in den östlichen Teil der geteilten Hauptstadt zurückgekehrt war, besprach er mit dem Oberbürgermeister Friedrich E. die Pläne für ein neues Theater. Nach diesem Gespräch war er mißgestimmt. »Er macht mir einen zu guten Eindruck«, sagte Herr B. »Jeder anderen Stadt der Welt würde ich wünschen, von diesem guten Sozialisten regiert zu werden. Aber dieser Stadt nicht. Was hier not täte, wäre ein Sozialist, der gleichzeitig die Qualitäten eines Gangsters hat – ein sozialistischer Gegengangster.«

Nationalstolz

Als Herr B. in die Hauptstadt zurückkehrte, gab es, als Folge des verlorenen Krieges, wenig zu essen. Herr B., der ein bescheidener Esser war, verlangte trotzdem eines Tages von einem Mitarbeiter, ihm eine bestimmte Spezialität zu besorgen. Dieser machte Einwände: »Das haben wir hier nicht, wir haben Versorgungsschwierigkeiten in Deutschland.«

Herr B. sagte erbost: »Das interessiert mich nicht. Ich bin kein Deutscher.«

Komplimente

Der berühmte deutsche Schriftsteller Thomas M. und Herr B. liebten sich nicht besonders. Herr B. hatte soeben ein Stück über eine Geschäftsfrau mit drei unehelichen Kindern im Dreißigjährigen Krieg geschrieben. Er gab es der Schauspielerin Therese G. zu lesen, und diese gab es dem berühmten Schriftsteller weiter. Nach einigen Tagen erhielt sie es mit der Bemerkung zurück: »Ich muß zugeben, das Scheusal ist begabt.« Die Schauspielerin berichtete das umgehend. Herr B. lächelte und erwiderte: »Ich fand seine Kurzgeschichten auch schon immer gut.«

Gutes Gewissen

In der Stadt N. Y. besuchte Herr B. zusammen mit dem Schauspieler Fritz K. das jiddische Theater. Es war sehr schlecht. Der Schauspieler Fritz K. schämte sich in Grund und Boden. »Man könnte ja meinen«, sagte er, »der Antisemitismus sei im Recht, wenn man so etwas sieht.«

Herr B. fuhr ihn wütend an: »Hören Sie auf! Oder glauben Sie, ich würde mich als Deutscher schämen, wenn das Tegernsee Bauerntheater eines Tages hier aufträte?«

Die Eingeschlossenen

Als Herr B. in der Hauptstadt sein eigenes Ensemble gründete, holte er Schauspieler aus allen deutschsprachigen Ländern. Er wunderte sich, daß einige Leute vom Schauspielhaus der Stadt Z. nicht zu ihm in den östlichen Teil der Hauptstadt kommen wollten. Der Journalist Gody S. versuchte zu erklären: von der Stadt Z. aus könne man in der Welt herumreisen, seine Ferien in Frankreich oder Italien verbringen, während man im östlichen Teil der Hauptstadt so eingeschlossen sei.

»Ja«, sagte Herr B., »von hier aus kommt man tatsächlich nur bis zum Pazifischen Ozean.«

Zumutung

Ein Kritiker schlug Herrn B. vor, eine dunkle Dialogstelle zu verdeutlichen; er meinte, das Publikum werde sie nur schwer verstehen. Herr B. antwortete kühl: »Warum muß man alles beim ersten Mal verstehen? Da müssen halt die Leute ein zweites Mal ins Theater gehen.«

Der Kritiker gab zu bedenken, viele Leute könnten sich einen zweiten Theaterbesuch nicht leisten – kaum den ersten.

Herr B. antwortete noch kühler: »Da müssen sie eben eine soziale Ordnung schaffen, in der sie sich das leisten können.«

Background

In dem Stück über eine Geschäftsfrau mit drei unehelichen Kindern im Dreißigjährigen Krieg schrieb Herr B. eine stumme Rolle. Es ist die Tochter, die am Schluß des Stückes durch ihr mutiges Trommeln eine ganze Stadt rettet.

Viele Literaturwissenschaftler grübelten in langen Abhandlungen über die Gründe nach, die Herrn B. bestimmt hatten, diese Rolle stumm zu schreiben. Sie kamen auf alles mögliche.

Aber Herr B. hatte die Rolle für die Schauspielerin Helene W. gemacht, damit sie auch in der Emigration ohne Fremdsprachen Theater spielen konnte.

Philologie

Jahrelang hatte Herr B. Verse gegen den Krieg geschrieben. Er war dafür aus seinem Vaterland vertrieben worden und hatte von Land zu Land fliehen müssen. Doch eines Tages entdeckte ein Philologe, daß Herr B. am Anfang des Ersten Weltkrieges in einer Zeitung seiner Heimatstadt A. die Größe des deutschen Kaisers gefeiert und kriegerische Verse verfaßt hatte. Er war damals 16 Jahre alt.

Als man Herrn B. die Entdeckung des Philologen vorhielt, meinte er: »Auch ich habe meine Achillesverse.«

Sprechunterricht

Den unehelichen Sohn der Geschäftsfrau hatte bei der Uraufführung der Schauspieler Ernst K. gespielt. Dieser hatte einige Mühe, die von Herrn B. gewünschte Spielweise zu treffen. Auf einer Probe rief Herr B. ihm zu: »Sprechen Sie nicht so deutlich. Das Publikum versteht Sie sonst nicht.«

Denkende Soldaten

Der andere große Führer hatte in das Weltgeschehen eingegriffen und einen Krieg in Albanien begonnen. Aber sein Krieg wurde kein Blitzkrieg. Seine Bataillone marschierten immer wieder in die falsche Richtung. Freund und Feind sahen mit Verachtung auf die Kampfmoral dieser Truppen, man hielt diese Soldaten für die schlechtesten der Welt.

Herr B. war anderer Ansicht, er sagte: »Die russischen und die italienischen Soldaten sind die besten der Welt.« Alle Leute schüttelten fassungslos die Köpfe.

»Die russischen und die italienischen Soldaten sind die besten der Welt«, wiederholte Herr B., »sie wissen, wofür sie kämpfen.«

Plagiator

Als die Proben für das Stück von der Planwagen-Niobe ihr Endstadium erreichten, fand Herr B. einen Satz in einer Nebenrolle überflüssig und wollte ihn streichen.

Der Kleindarsteller kämpfte um seinen Satz und sagte: »Dann versteht man die ganze Rolle nicht mehr.«

Herr B. meinte: »Ja, das stimmt. Aber es macht nichts. Shakespeare hätte ihn auch gestrichen.«

Bescheidenheit

Die Frage wurde erörtert, ob die Regisseure für den ständig wachsenden Bedarf von Film und Theater ausreichten. Man zählte die Regisseure auf, die in Frage kamen.

Herr B. überlegte eifrig mit. »Es gibt nur zwei Regisseure auf der Welt«, sagte er dann. »Der andere ist Chaplin.«

Materialismus

Als Herr B. das Stück über die unsittliche Geschäftsfrau in sein neues Haus übernahm, brauchte er einen neuen Bühnenhintergrund. Statt des gemauerten und mit Gips beworfenen Rundhorizonts, wie er in dem anderen Theater bestanden hatte, mußten weiße Tücher gespannt werden.

Herr B. fragte den Bühnenbildner Heinrich K., wie ihm das gefalle. Dieser antwortete: »Ich weiß nicht, es erinnert mich an ein großes Bettuch.«

»Haben Sie etwas gegen Bettücher?« fragte Herr B.

»Es kommt darauf an«, erwiderte Heinrich K.

Herr B. nickte verständnisvoll und sagte: »Sie Schwein.«

Philosophischer Rat

Der Philosoph Wolfgang H. war mit einer Schauspielerin verheiratet, die bei Herrn B. als Regieassistentin arbeitete. Eines Tages bemerkte der Philosoph, daß sie Gefallen an einem ihrer Kollegen fand. Er ging ins Theater, stellte diesen Kollegen zur Rede und prügelte sich mit ihm auf dem Hof. Herr B. trennte die beiden.

»Ich habe Ihrer Frau freigegeben«, sagte Herr B. »Gehen Sie nach Hause und verprügeln Sie sie, damit sie auch etwas davon hat.«

Noch ein Rat

Einige Jahre später bemerkte der Philosoph Wolfgang H., daß Herr B. Gefallen an seiner Frau fand. Er ging wieder ins Theater und stellte Herrn B. zur Rede. Herr B. sagte, natürlich müsse man sofort die Wohnungsfrage regeln; er habe schon das Nötigste unternommen.

»Aber ich hänge an meiner Frau«, wandte Wolfgang H. bestürzt ein.

»Ach so«, sagte Herr B. »Dann lassen Sie sich jetzt scheiden und heiraten Sie sie in zwei Jahren wieder.«

Historischer Vergleich

Nach dem Kriege behauptete ein Senator der Vereinigten Staaten, das Land werde von einer kommunistischen Verschwörung beherrscht. Vor allem die Intellektuellen und Künstler galten als Angehörige einer Fünften Kolonne. Sogar der Präsident, Minister und Militärs standen unter Verdacht. Tausende von Leuten wurden gezwungen, sich von einem parlamentarischen Ausschuß verhören zu lassen.

Auch Herr B. wurde beschuldigt, sich unamerikanisch verhalten zu haben, und mußte vor dem Ausschuß erscheinen. Dort wurden ihm seine Gedichte und Stücke vorgehalten, die in englischer Sprache erschienen waren. Herr B. erklärte, er habe etwas anderes geschrieben, und bat, seine

Arbeiten vor dem Ausschuß neu übersetzen zu lassen.

Das geschah, und die Versammlung wurde zeitweilig zu einem philosophischen Seminar.

Nach dem Verhör sagte Herr B. zufrieden: »Nicht mal der Heine hat es fertiggebracht, daß ihm die Polizei alles übersetzt hat.«

Grundsätze

Das Stück über die Geschäftsfrau mit den drei unehelichen Kindern war ein Welterfolg geworden. Bei der ersten Aufführung im neuen Haus kam der Bühnenbildner Heinrich K. am Schluß nicht zur Verbeugung.

Herr B. fragte ihn, warum er nicht dagewesen sei.

»Ich hatte keine Lust«, sagte Heinrich K.

»Das kann ich verstehen«, sagte Herr B. »Aber das entschuldigt Sie nicht. Es ist geschäftlich falsch.«

Gebranntes Kind

Als Herr B. die Vorladung zum Verhör bekam, kaufte er sich als erstes eine Flugkarte nach Europa. Zwei Tage nach dem Verhör verließ er die Vereinigten Staaten für immer. Ein Bekannter, der ihn in der französischen Hauptstadt traf, wunderte sich, Herrn B. hier zu sehen.

Herr B. erklärte ihm: »Als es soweit war, daß man mir vorwarf, ich beabsichtigte, das Empire State Building zu stehlen, dachte ich, es ist höchst Zeit, daß ich gehe.«

Zuviel des Guten

Die staatliche Filmgesellschaft wollte das Stück von der couragierten Händlerin verfilmen. Der Regisseur Wolfgang St. sollte Regie führen, und Herr B. torpedierte das Unternehmen kraftvoll, nachdem er Einblick in die Vorbereitungen bekommen hatte. Seine Aktionen kosteten die staatliche Filmgesellschaft einige Millionen Mark. Der Film wurde nie gedreht.

Seine Assistenten, die Herr B. auf dem Filmgelände stationiert hatte, berichteten ihm eifrig alle Neuigkeiten.

Als Herr B. diese Berichte hörte, sagte er zu einem Freund: »Sie berichten so Schreckliches, daß ich mich frage, ob der Film wirklich so schlecht wird, wie ich meine.«

Heimkehr

Als Herr B. aus der Fremde in die Hauptstadt zurückkehrte, verbrachte er die erste Nacht in dem bekannten Hotel A., von dem nur noch der Dienerschaftsflügel übriggeblieben war. Das Hotel war schlecht geheizt. Herr B. erwachte früh und ging hinaus, um am Grab seines Feindes eine Zigarre zu rauchen. Die Reichskanzlei war eine Ruine.

In den Trümmern arbeitete ein Mann. Er belud einen kleinen Karren mit großen Steinbrocken. Es war der erste deutsche Proletarier, den Herr B. nach seiner Heimkehr traf. Herr B. fragte den Mann, wie es gehe, und der Mann antwortete verdrossen: »Geldgeber müssen her.«

Herr B. erzählte später von dieser Begegnung und meinte: »Dabei schien die Szenerie zu beweisen, daß Geldgeber dagewesen waren.«

Um ein Stück über den Physiker Albert E. zu schreiben, der durch sein Geigenspiel und die Relativitätstheorie bekannt geworden war, befragte Herr B. allerlei Fachleute. Der Philosoph Wolfgang H. griff in langen Beweisführungen die Auffassungen von Albert E. über Raum und Zeit an.

Herr B. unterbrach ihn und sagte, es sei alles viel einfacher. Die Theorie könne schon deshalb nicht stimmen, weil darin immer von einem gekrümmten Raum die Rede sei. Das sei Theologie. Einen Säbel könne man krümmen, einen Raum nicht. »Ich rate den Physikern daher immer«, sagte Herr B., »von einem krummen Raum zu sprechen. Diese Empfehlung genügt, sie zum Verstummen zu bringen.«

Der Philosoph staunte und fragte, ob Herr B. diese Ansicht dem berühmten Physiker schon einmal vorgetragen habe.

»Gewiß«, sagte Herr B. »Er hat eingesehen, daß die Relativitätstheorie ein Irrtum ist und sie sofort fallengelassen.«

In der Hauptstadt des Bruderlandes, das soeben aus dem Reich heimgekehrt war, inszenierte man das Stück von Herrn B. über die russische Mutter, die sich mit dem Kommunismus einläßt. Herr B. nahm an den Proben teil. Auf der Bühne sah er eine mächtige Persönlichkeit, den Bühnenmeister. Er war früher aktives Mitglied der großen nationalen Partei gewesen. Herr B. sagte sofort: »Der muß den Fleischer spielen.«

Die Theaterleute versuchten, Herrn B. davon abzubringen: der Mann sei kein Schauspieler.

Herr B. bestand darauf: »Der muß den Fleischer spielen.«

Um Herrn B. den Gefallen zu tun, übten sie mit dem Mann die Rolle. Sie hatten mit ihm viel Mühe. Als er jedoch auf die Bühne kam, brachte er kein Wort heraus.

Herr B. rief wütend: »Weg! Weg! – Nazi bleibt Nazi.«

Verkanntes Genie

In der polnischen Hauptstadt W. suchte Herr B. den Physiker Leopold I. auf, der viele Jahre mit Albert E. zusammengearbeitet hatte, um Einzelheiten aus dem Leben des großen Physikers zu erfragen. Leopold I. hatte sich selbst als Dramatiker versucht und riet Herrn B. dringend ab, über Albert E. ein Stück zu schreiben: die Theorien des Physikers seien vollkommen undramatisch.

Nach zwei Stunden fragte Herr B., ob er dem Physiker einmal seine eigene Raumtheorie vortragen dürfe.

Leopold I. beendete auf der Stelle seine dramaturgischen Erörterungen und teilte Herrn B. alles mit, was er wissen wollte.

Herr B. war keineswegs zufrieden: »Er hat wohl geglaubt«, sagte er später ungehalten, »daß ich keine eigene Raumtheorie habe.«

Erziehung

Ein junger Mitarbeiter von Herrn B. wollte eine Schauspielerin heiraten und fragte ihn nach seiner Ansicht. Herr B. antwortete böse: »Wenn Sie ins Wasser springen wollen, so fragen Sie doch mich nicht, ob Sie schwimmen können!«

Rückzieher

Der Physiker Leopold I. besuchte Herrn B. in der Hauptstadt. Dieser ließ sich in langen Unterredungen die allgemeine Feldtheorie erklären.

Zur gleichen Zeit legte Herr B. Wert darauf, die Schauspielerin Katrin R. in Dialektik zu unterrichten. Sie klagte, die Dialektik sei schwierig: solange Herr B. rede, verstehe sie alles. Aber nachher wisse sie nicht aus noch ein.

Herr B. tröstete sie: »Mir geht es genauso. Solange Leopold I. redet, verstehe ich die allgemeine Feldtheorie vollkommen. Aber wenn er weg ist, finde ich die Dialektik viel einfacher.«

Gewicht der Wissenschaften

Ein Schüler fragte Herrn B., ob er Germanistik studieren solle. Herr B., der seine Mitarbeiter nicht gern verlor, riet ihm ab und setzte ihm auseinander, studieren könne man nur die exakten Wissenschaften wie Medizin oder Physik.

»Wenn Sie ein Pfund Nägel kaufen«, sagte er, »dann wissen Sie, was Sie haben. Aber was haben Sie von einem Pfund Meinung?«

Input – Output

Herr B. mochte keine Germanisten. Noch verhaßter waren ihm Philologen. Freunde fragten, was er gegen sie habe, das seien doch ehrbare Wissenschaftler.

Herr B. antwortete verdrossen: »Sie sind gar so gescheit und legen so selten ein Ei.«

Gewissensfragen

Der Lyriker Heinz K. war ein Schüler von Herrn B. Dieser warf ihm eines Tages vor, er sei faul und lasse sich durch Frauen ablenken. Heinz K. solle sich an ihm ein Beispiel nehmen. Er, Herr B., arbeite jeden Tag zehn Stunden.

Heinz K. verteidigte sich störrisch: Ob Herr B. mit vierundzwanzig Jahren nicht auch noch etwas anderes getan habe, als jeden Tag zehn Stunden zu arbeiten.

Herr B. zuckte die Achseln und sagte: »Wie soll ich Sie erziehen, wenn Sie nicht an mich glauben?«

Berufsehre

Ein Stück von Herrn B. über einen finnischen Gutsbesitzer, der unter dem wohltuenden Einfluß des Alkohols menschliche Züge annimmt, war mit großem Erfolg uraufgeführt worden. Einige Kritiker besannen sich auf die Tradition und beschuldigten Herrn B. des Plagiats. Der Stoff stammte von der finnischen Autorin Hella W.

»Was die Leute wollen!« sagte Herr B. »Den Stoff hat sie mir doch angeboten. Von Plagiat kann gar keine Rede sein. Wo ich wirklich plagiiert habe, das merken die Leute ja sowieso nicht.«

Fürsorge

Im Theater von Herrn B. probte man die Bearbeitung eines alten Stückes über einen deutschen Hauslehrer, der seine Sinnlichkeit mit dem Messer bekämpft. Der Hauptdarsteller Hans G. hatte einen geschwollenen Hals und klagte bei Herrn B. darüber: er könne seinen Kopf nur schiefhalten.

Besorgt sagte Herr B.: »Was machen wir, daß wir das bis zur Premiere halten?«

Gesteigerte Achtung

Der Schriftsteller Günther W. hatte einen Literaturpreis erhalten. Herr B. hörte davon, rief an und sagte: »Ich gratuliere. Wieviel hat der Preis denn gebracht?«

Günther W. nannte die Summe: zehntausend Mark.

»Dann gratuliere ich aber herzlich«, sagte Herr B.

Ja- und Neinsager

Im Theater von Herrn B. sollte das Stück über die russische Mutter, die sich dem Kommunismus in die Arme wirft, neuinszeniert werden. Da das Stück auch in der Stadt L. inszeniert wurde, wartete Herr B. mit seinem eigenen Vorhaben, um von der Inszenierung in L. zu profitieren. Er drang darauf, daß der Schauspieler Ernst K. den Sohn der Mutter spielte, damit er für die gleiche Rolle in der Hauptstadt vorbereitet sei.

Der Schauspieler Ernst K. nahm die Mühe auf sich und fuhr mehrere Wochen lang jeden Tag von der Hauptstadt nach L. Als das Stück im Theater von Herrn B. angesetzt wurde, sah Ernst K. auf der Besetzungsliste den Namen eines anderen Schauspielers für seine Rolle.

Empört ging er zu Herrn B. und stellte ihn zur Rede: »Sie haben mir die Rolle versprochen.«

Herr B. druckste herum.

»Aber Sie haben mir die Rolle versprochen.«

Herr B. sagte mürrisch: »Wenn ich's Ihnen schon versprochen habe, können Sie nicht verlangen, daß ich's auch noch halte.«

Tiefschlag

Der Filmregisseur Kurt M. hatte einen Film über eine Ehe im Schatten der großdeutschen Zeit gedreht. Der Film machte Aufsehen, und Herr B. bat, der Regisseur möge ihm den Film vorführen. Nach der Vorführung sagte er zu Kurt M.: »Was für ein gräßlicher Kitsch«, und schenkte ihm ein kleines Organon, das er über die Schauspielkunst geschrieben hatte, mit persönlicher Widmung.

Der Stein der Weisen

Italienische Germanisten zerbrachen sich den Kopf, wie man die jungen dramatischen Talente ihres Landes fördern könnte. Sie dachten an Schulen, dramatische Werkstätten, Universitätskurse, dramaturgische Beratungen und Gemeinschaftsküchen.

Sie fragten Herrn B. um seinen Rat, und er antwortete: »Geben Sie ihnen Geld.«

Kosten der Armut

Herr B. haßte bürgerliche Kleidung. Schon in A. galt er bei vielen seiner Freunde und Freundinnen als verwahrlost. Aus diesen einfachen Anfängen entwickelte er mit Ausdauer und Konsequenz eine eigene Kleidertheorie. Er bevorzugte, um den Eindruck der Bescheidenheit zu machen, eine Kombination aus Preußentum und Leninismus. Damit erregte er weltweites Aufsehen.

Der französische Dichter Louis A. war hingerissen, als er Herrn B. sah. »Herr B. trug eine Ballonmütze«, erzählte er seinen Bekannten, »die so proletarisch war, daß sie nur vom besten Mützenschneider gemacht sein konnte.«

Musikdiagnose

Ein wichtiger Maßstab zur Beurteilung von Musik war für Herrn B. das Fieberthermometer. Er fand, Musik sei schlecht, wenn beim Zuhören die Temperaturen stiegen. So war er gegen die Musik Ludwig van B.s, weil sie die Temperaturen stark erhöhe, während die Temperatur bei Johann Sebastian B. gleichmäßig etwa 37 Grad bleibe.

Zuviel Folgsamkeit

Die Schriftstellerin Anna S. hatte einen Roman geschrieben, und Herr B. wurde nach seinem Urteil gefragt. Er meinte: »Sie ist eine große Novellistin. Wenn sie dabei geblieben wäre, hätte man nicht umhin gekonnt, ihr eines Tages auch den Nobelpreis zu geben. Leider hat Georg L. ihr eingeredet, sie müsse ›Krieg und Frieden‹ noch einmal neu schreiben. Da hat sie sich als gute deutsche Hausfrau hingesetzt und ihre Novellen zu Romanen zusammengehäkelt. Das hat ihr sehr geschadet.«

Die Kehrseite

Mit dem Komponisten Paul D. hatte Herr B. eine Oper über einen antiken Feldherrn geschrieben. Sie fand wenig Anklang bei den Kritikern. Diese rügten, daß der antike Feldherr nicht richtig verurteilt würde. Auch verletze die häufige Verwendung von Schlagzeug ihre musikalischen Gefühle. Sie brachten ihr Unbehagen an die Öffentlichkeit. Die Regierung griff ein. Herr B. wurde zu einer Diskussion über seine Oper gebeten. Sie dauerte sechs Stunden. Herr B., der es liebte, über seine Arbeiten zu diskutieren, hörte mit großem Interesse die Argumente der Regierung. Er änderte seine Oper sogar an einigen Stellen.

Als Herr B. die Sitzung verließ, stürzte ein findiger Journalist auf ihn zu und rief: »Ist es nicht unerhört, daß die Regierung sechs Stunden mit Ihnen über Ihr Stück diskutiert?«

Herr B. dachte nach und antwortete: »Können Sie mir eine andere Regierung nennen, die bereit ist, mit mir sechs Stunden über ein Stück zu diskutieren?«

Erfahrung

Ein Stück des deutschen Dichters Johann Wolfgang G. über einen Gelehrten mit Genußschwierigkeiten wurde in seiner Urfassung am Theater von Herrn B. inszeniert. Man besprach wochenlang, wie es zu verstehen sei.

Herr B. sagte sinnierend: »Im Grunde genommen ist es die Liebesgeschichte eines Intellektuellen mit einer Kleinbürgerin. Das muß ja mit dem Teufel zugegangen sein.«

Gegenangriff

Der Komponist Paul D., der von Herrn B. nicht nur zahlreiche Stoffe für seine Kompositionen, sondern auch die Kleidertheorie übernommen hatte, sah ihn eines Tages besorgt an und fand, Herr B. sehe schlecht aus.

»Ja, das stimmt«, sagte Herr B., »Sie sehen viel besser aus und werden mich zweifellos überleben. Aber ich frage: Wozu?«

Egoismus

In der Diskussion, die Herr B. mit der Regierung über seine neue Oper hatte, gefielen ihm die Argumente des Ministerpräsidenten Otto G. Er fand sie sachkundig, treffend und vernünftig.

Später rühmte er vor seinen Mitarbeitern mehrfach den Kunstverstand des Mannes und sagte mit Bedauern: »Schade, daß er Politiker ist. Ich würde ihn sofort in meinem Theater als Chefdramaturg engagieren.«

Soziologie

Der Komponist Rudolf W.-R. erzählte Herrn B. folgende Geschichte: Eine ältere Jungfrau war wegen ihres Reichtums von einem jungen Mann geheiratet worden. In der Hochzeitsnacht rief sie plötzlich: »Entweder – oder. Das ewige Hin und Her ist ja nicht zu ertragen!«

Herr B. kommentierte lachend: »Typisch. Der Kleinbürger erträgt nur Zustände. Bewegung ist ihm verhaßt.«

Schlußakkord

Zu einem Stück von Herrn B. über eine grusinische Kidnapperin hatte der Komponist Paul D. eine
grusinische Musik geschrieben, die sogar Neuerungen im Instrumentenbau notwendig machte. Ein
Tonband mit dieser Musik wurde Herrn B. während
einer Probe vorgespielt. Alle hörten gespannt auf
die neue Musik. Am Ende des Bandes ertönte plötzlich das Wort »Scheiße«.

Ein Assistent fragte aufgebracht: »Wer hat das
gesagt?«

Herr B. antwortete bewegt: »Paul D.s Selbstkri-
tik.«

Safety first

Der Schauspieler Ekkehard Sch. war nicht nur für
seine Schauspielkunst, sondern auch für seine Vor-
liebe für Massenschlägereien bekannt. Einmal ließ
er sogar sein Taxi anhalten, um sich aktiv in ein
Getümmel zu stürzen.

Da er mit Herrn B. die Hauptrolle in dem Win-
termärchen von Johannes R. B. probte, rief Herr B.
ihm zu: »Sie spielen Schiller!«

Nach der Probe begegnete Herr B. dem Schauspieler in einem dunklen Gang des Theaters. Vor-
sichtig machte er einen Bogen.

Lobbyismus

Der Schauspieler Ekkehard Sch. galt seiner eigenwilligen Spielweise wegen als der Erfinder des epileptischen Theaters. Herr B. schätzte ihn trotzdem, und Ekkehard Sch. wurde an seinem Theater ein berühmter Schauspieler und später sogar sein Schwiegersohn.

In dem Stück von der Geschäftsfrau im Dreißigjährigen Krieg spielte Ekkehard Sch. die Rolle eines ihrer unehelichen Kinder. Als er einen Säbeltanz in seiner eigentümlichen Spielweise probte, fragte der Schauspieler Ernst B. Herrn B., wie lange er sich diese Faxen noch anschauen wolle; sowas hätte man früher verbrannt oder als Heiligen verehrt.

Herr B. fragte zurück: »Haben Sie eine Tochter?«

Das deutsche Drama

Auf einer Tagung wurde Herr B. gefragt: »Wodurch unterscheiden sich die jungen Dramatiker in den beiden deutschen Staaten?«

Herr B. antwortete: »Bei uns werden sie subventioniert, und drüben werden sie gespielt.«

Bitterer Weg

Um den Aufbau in dem neuen deutschen Staat zu unterstützen, schrieb Herr B. ein Lied, in dem er behauptete, besser als gerührt sein, sei sich rühren. Er suchte Synonyme für das Wort Arbeit und fragte seine Mitarbeiter.

Diese boten an: Schaffen, Schuften, Wirken, Würgen, Malochen, Schwitzen und ähnliche.

Herr B. sagte enttäuscht: »Ja, ja, das hat eben alles nichts Fröhliches.«

Wahrheitsgemäß

Über den neuen Staat kam in den ersten Jahren eine Flut von Fragebogen, die keinen verschonte. Auch Herr B. mußte über Herkunft, Name, Geschlecht, Religion, beruflichen Werdegang, Arbeitsstellen, Fremdsprachen, Aufenthalt im Ausland und viele andere Fragen gewissenhaft Auskunft erteilen. Herr B. tat es geduldig. Auf die Frage, welcher Massenorganisation er angehörte, wußte er keine Antwort. Er überlegte lange. Endlich schrieb er in die vorgesehene Rubrik: »Nationalpreisträger.«

Revisionismus

Der Philosoph und Literaturwissenschaftler Georg L. hatte eine große Theorie über den Realismus aufgestellt, in die neben anderen auch Herr B. nicht hineinpaßte. Viele Leute nahmen dessenungeachtet diese Theorie als Gebrauchsanweisung für Kunstwerke und Künstler. Da Georg L. sie für marxistisch erklärte, wurde sie auch dafür gehalten.

Herr B. aber sagte nur: »Murxismus.«

Kritik und Selbstkritik

Eine Szene aus dem Stück über die grusinische Kindesentführerin wurde nach längerer Pause wieder geprobt. Herr B. sah sich die Szene an und sagte entsetzt: »Das kann ich doch nicht geschrieben haben!«

Seine Umgebung schwieg betreten.

Herr B. drehte sich um und sagte hingerissen: »Aber was für ein Regisseur!«

Die Absicht

Das Stück von Herrn B. über die grusinische Kidnapperin war anfangs sehr umstritten, weil das gestohlene Kind nicht der leiblichen Mutter zugesprochen wurde.

Ein Kritiker fragte Herrn B., ob er bei dem Stück wenigstens an einen konkreten Fall gedacht habe.

»Ja«, sagte Herr B. »Ich dachte an die Gebiete östlich der Oder und Neiße.«

Bekenntnisse

In seinem Theater erhielt Herr B. Besuch aus aller Welt. Ein kanadischer Professor für deutsche Literatur besuchte eine Probe. Er wurde von Herrn B. begrüßt und beeilte sich, zu versichern: »Ich bin ein Herr-B.-Verehrer.«

»So«, sagte Herr B. »Ich nicht.«

Türme der Freundschaft

Der Architekt Hermann H. hatte mit Herrn B. ein Abkommen geschlossen, danach sprach Herr B. nur über Architektur und Hermann H. nur über Theater.

Da man Hermann H. vorwarf, daß er zuviel Türme baue, erwiderte Herr B. entschieden: »Er hat erst zwei gebaut, da hat er noch dreizehn bei mir gut. Erst wenn es fünfzehn sind, fange ich an, die Freundschaft zu überprüfen.«

Theorie und Praxis

Die Erstaufführung des Stückes über den kaukasischen Kinderdiebstahl fand in der Stadt F. am Main statt. Der Regisseur Harry B. hatte sich von Herrn B. die Schauspielerin Katrin R. für die weibliche Hauptrolle ausgeliehen. Sie fühlte sich als die geistige Sachwalterin von Herrn B. Bei den Proben berief sie sich darauf, daß Herr B. eine völlig andere Auffassung von der Rolle habe, und versuchte sich gegen den Regisseur durchzusetzen.

Nach acht Tagen fruchtloser Proben rief der Regisseur Herrn B. zu Hilfe. Dieser kam aus der Hauptstadt und sah sich die nächste Probe wortlos an. Nach einer Stunde erhob er sich und sagte in völlig gelassenem Ton: »Wenn du nun nicht endlich anfängst, Theater zu spielen, so trete ich dir in den Hintern.«

Die Schauspielerin fragte bestürzt nach dem Verfremdungseffekt.

Herr B. antwortete: »Wir inszenieren keinen Verfremdungseffekt, sondern ein Theaterstück.«

Menschenkenntnis

Ruth B., die lange mit Herrn B. zusammengearbeitet hatte, wollte ein Buch über ihn schreiben. Herr B. hörte davon, ging zum Telefon und rief sie an.

»Schreib auch«, sagte er, »warum ich groß bin.«

Rekrutenwerbung

In der ganzen Welt hatte Herr B. Gruppen von Fans, die sich erbittert für ihn schlugen. Freund und Feind fragten sich, wie Herr B. dazu kam. Sein Geheimnis bestand darin, daß er Leute, die besonders schlecht von ihm sprachen oder ihn öffentlich angriffen, einlud und veranlaßte, sich an seiner Arbeit zu beteiligen.

Schwerer Beruf

Der Schauspieler Fred D. war für seine Phantasie bei der Gestaltung seiner Rollen bekannt. In dem Stück von Herrn B., in dem Fragen des Mutterrechts abgehandelt werden, spielte er einen grusinischen Panzerreiter. Sein Kostüm wog 40 Pfund, und Herr B. verlangte, der Schauspieler solle auch noch eine Waffe tragen. Fred D. kam daraufhin auf die Bühne, hatte sich einen Staubsauger umgehängt und fragte Herrn B.: »Soll ich auch noch einen Feuerlöscher nehmen?«

Die Assistenten waren schockiert.

Herr B. aber sagte zufrieden: »Ich hab's ja gewußt. Auf ihn ist Verlaß.«

Der Beruf des Dichters

Die Mitarbeiterin Käthe R. sollte für eine Zeitschrift einen Artikel über Herrn B. verfassen. Sie fragte ihn etwas ratlos, was sie über ihn schreiben solle.

»Schildern Sie mich einfach als das, was ich bin«, sagte Herr B., »als Lehrer.«

Als er später den Artikel seiner Mitarbeiterin zu Gesicht bekam, sagte er erschrocken: »Aber ich bin kein Pestalozzi.«

Spaßvögel

Das Stück über den italienischen Naturwissenschaftler des 17. Jahrhunderts, das Herr B. in der Emigration geschrieben hatte, wurde zur Aufführung vorbereitet. Die Schauspieler wurden wie gewöhnlich gebeten, Rollenwünsche zu äußern. Der Schauspieler Fred D. schrieb auf seinen Zettel: Giodarno Bruno. Dieser kam im Stück nicht vor.

Herr B. las den Zettel und sagte kein Wort. Beim Herausgehen nahm er den Schauspieler beiseite und sagte: »Sie glauben wohl, ich hätte es nicht gemerkt?«

Streng konservativ

Während einer Konferenz der vier Außenminister beschloß eine in beiden Teilen der Hauptstadt zugelassene Partei, die Massen zu aktivieren und ihre Forderungen den Außenministern plausibel zu machen. Für Straßenversammlungen im Westen der Stadt wurden Redner gesucht. Prominente Künstler waren besonders gefragt. Ein Vertreter der Partei suchte Herrn B. auf und schlug ihm vor, am Bahnhof Zoo über Demokratie zu reden.

»Worüber soll ich reden?« fragte Herr B. erstaunt.

»Über Demokratie.«

»Und da kommen Sie zu mir?« sagte Herr B. »Ich bin für Diktatur.«

Brotlose Kunst

Ein Schauspieler sprach Herrn B. vor, und Herr B. fragte ihn: »Können Sie auch singen?«

Der Schauspieler sagte ja, er habe es gelernt, und begann ein Lied vorzutragen.

Nach den ersten Takten unterbrach ihn Herr B. erschrocken: »Hören's auf, hören's auf. Sie können ja wirklich singen!«

Fotogenie

Herr B. bestand darauf, alle Fotos zu sehen, die von ihm gemacht wurden. Was ihm nicht gefiel, durfte nicht veröffentlicht werden. Im Zuschauerraum der Stadt F. am Main machte der Theaterfotograf eine Aufnahme von Herrn B., als dieser sich mit seinem Verleger Peter S. und dem Regisseur Harry B. unterhielt. Beim Aufleuchten des Blitzlichts merkte Herr B., daß er fotografiert worden war. Empört verlangte er den Film. Er erhielt ihn erst nach längerem Streit.

Klugerweise hatte der Fotograf eine andere Aufnahme mit dem Teleobjektiv gemacht, die im Programmheft erschien und dann sehr bekannt wurde.

Herr B. war wütend und überlegte, ob es sich nicht um eine strafbare Verletzung des Eigentumsrechts handelte. Er sagte: »Da ich den Satz geschrieben habe, das Fressen komme vor der Moral, ist es keineswegs gleichgültig, wie ich auf Fotos ausschaue.«

Erfolg

Der Kleindarsteller Nico T., der aus Ostpreußen stammte, wollte als Schauspieler engagiert werden. Er trug sein Anliegen Herrn B. vor, und dieser sagte: »Dann müssen Sie vorsprechen. Wie lange brauchen Sie, sich vorzubereiten?«

»Vier Wochen«, sagte Nico T. nach einigem Überlegen.

Herr B. war einverstanden. Nach vier Wochen kam Nico T. wieder zu Herrn B. und sagte: »Ich bin noch nicht fertig.«

Herr B. fragte: »Wie lange brauchen Sie noch?«

»Noch einmal vier Wochen«, sagte Nico T.

Herr B. war wieder einverstanden, und nach Ablauf dieser Frist kam es zum Vorsprechen. Nico T. trug einen Stuhl auf die Bühnenmitte, stellte ihn ab, trat einen Schritt zurück und sagte mit einer leichten Verbeugung: »Setz dir, Mamachen.«

Er wurde von Herrn B. engagiert.

Philosophenlohn

Der junge Philosoph Wolfgang H. brachte Herrn B. ein neues Werk über Philosophie. Er empfahl es dringend zur Lektüre. Das Buch war sehr dick, und Herr B. betrachtete es mit Abscheu. Ein Freund riet deshalb dem jungen Philosophen, einen Auszug von zwei Seiten zu machen, der alles Wichtige enthalte.

»Das wäre sehr gut«, sagte Herr B. »Dafür gebe ich Ihnen einen Kriminalroman und nenne Ihnen den Täter.«

Nachhilfeunterricht

Nach dem 20. Parteitag in der Sowjetunion diskutierte man bei Herrn B. über das Verhalten des Parteisekretärs Josef St. Jemand meinte, nun sehe man es, wie Politik gemacht werde: Alles sei nur Privatinteresse.

»Ach so«, sagte Herr B. ärgerlich, »Sie stellen sich das so vor, daß der Parteisekretär zu seinem Außenminister M. sagte: Molly, hör mal ...«

Falschspielkunst

Bei den Proben zu dem Bauerndrama von Erwin St. spielte der neu engagierte Schauspieler Manfred K. hinter der Bühne ein Lied des Komponisten Hanns E. auf der Gitarre. Er spielte falsch, und schließlich fiel es Herrn B. auf. Manfred K. wurde an die Rampe gerufen, und Herr B. sagte zu ihm: »Sie spielen falsch.«

Der Schauspieler verteidigte sich mit dem Hinweis, die Jugendgruppen auf dem Dorfe würden eine komplizierte Komposition von Hanns E. auch falsch spielen.

Herr B. bedachte dieses Argument. »Gut«, sagte er, »aber spielen Sie es mir morgen richtig vor. Und dann können Sie es mit Absicht falsch spielen.«

Ein Ideal

Zur Lieblingslektüre von Herrn B. gehörten Kriminalromane. Er bevorzugte die weichen, weil er meinte, die harten seien eigentlich Abenteuerromane. »Mein Ideal«, sagte Herr B., »ist ein Kriminalroman, der in einem englischen Pfarrhaus spielt: in der Truhe ist eine Leiche versteckt, und der Butler ist der Mörder.«

Blutige Worte

In den Diskussionen um die Oper über den römischen General und Feinschmecker Lucius Licinius L. sagte der Angehörige einer großen Jugendorganisation: »Wir Deutschen lieben eine harmonische Musik.«

Herr B. gab dazu den Kommentar: »›Wir Deutschen‹ – ich höre: drei Jahre KZ; ›lieben‹ – ich höre: acht Jahre KZ; ›eine harmonische Musik‹ – ich höre: lebenslänglich.«

Grenzen des Talents

Einen Kriminalroman zu schreiben hielt Herr B. für eine schwierige Sache. Er bewunderte Autoren, die ein solches Werk in vier oder sechs Wochen schaffen.

»In der Emigration habe ich auch einen Kriminalroman geschrieben«, erzählte Herr B. »Aber er war so miserabel, daß niemand ihn drucken wollte.«

Orthodox marxistisch

In einem Gespräch über progressive Kunst sagte Herr B. zu einem seiner Freunde: »Verschonen Sie mich mit dem sozialistischen Realismus.«

»Sind Sie dagegen?« fragte der Freund verwundert.

»Ja«, sagte Herr B., »weil ich für Sozialismus und für Realismus bin.«

Catchen

Der Schauspieler Raimund Sch. hatte sich mit Herrn B. überworfen, hatte gekündigt und einen Vertrag mit der staatlichen Filmgesellschaft geschlossen. Er sollte bei dem Regisseur Kurt M. eine Hauptrolle spielen.

Herr B. verlangte trotzdem, Raimund Sch. solle bei ihm probieren. Der Schauspieler verwies auf seinen neuen Vertrag, aber Herr B. bestand auf der Probe. Als er keinen Erfolg hatte, bat er sogar das Kulturministerium um Hilfe. Wiederum ohne Erfolg. Endlich rief er den Regisseur Kurt M. an und bat ihn, ihm den Schauspieler freizugeben, da er doch wisse, daß dieser an Alkohol kranke und eine Spezialbehandlung brauche, die die Mitarbeiter von Herrn B. ausgearbeitet hatten.

Der Regisseur weigerte sich.

Wütend schrie Herr B. ihn an: »Dieser Schauspieler ist der beste Schauspieler Europas, und Sie werden sein Mörder sein. Sie sind sein Mörder, und ich werde Sie überall als seinen Mörder hinstellen. Sie werden sich nicht mehr in Rom sehen lassen können, in Paris und London mache ich Sie auch unmöglich. Ich habe überall meine Leute. Geben Sie ihn frei!«

Am anderen Morgen wartete Herr B. vergeblich auf Raimund Sch. Enttäuscht sagte er: »Vielleicht ist er doch nicht der beste Schauspieler Europas.«

Passion

Herr B. hatte eine Schwäche für alte Autos. Er fand sie viel schöner als neue. Wenn es nach ihm gegangen wäre, hätten auf den Straßen nur verbeulte und verkratzte Autos fahren dürfen.

Als er schweren Herzens sein altes Auto durch ein neues ersetzen mußte, besah er lange den neuen Wagen. »Das ist doch kein Auto«, sagte er mißmutig. »Das ist erst ein Exposé.«

Kleine Geschenke

Herr B. besuchte die Schauspielerin Katrin R. Er nestelte an seiner Aktentasche, zog einen Strauß Nelken hervor und überreichte ihn der Schauspielerin mit den Worten, er habe sie selbst für sie geschnitten; die Rosen seien leider noch nicht soweit.

Als Herr B. ging, sah ihm die Schauspielerin gerührt aus dem Fenster nach und bemerkte plötzlich, daß draußen Schnee lag.

Am Abend vorher hatte seine Frau Premiere gehabt.

Kleiner Unterschied

In einem Stück von Herrn B. über eine spanische Mutter, die ihre Familie mit Stillhalten durch den Faschismus zu bringen hofft, sollte der Schauspieler Norbert Ch. einen spanischen Landpfarrer spielen. Es war schwieriger, als er gedacht hatte. Er kannte nur den jovialen deutschen Typus, der von resoluten Köchinnen gehegt und gepflegt wird.

»Warum lächeln Sie?« fuhr Herr B. ihn an. »Wenn Sie lächeln würden, wären Sie längst Bischof.«

Minnesang

In einer Zusammenkunft mit jüngeren Mitarbeitern schimpfte Herr B. schrecklich auf führende Funktionäre von Partei und Regierung.

Einige Tage später schimpfte ein Assistent, der gut aufgepaßt hatte, in einer anderen Zusammenkunft ebenfalls auf führende Funktionäre.

Herr B. schrie ihn an: »Ich verbitte mir das. Das sind Helden, die in Deutschland den Sozialismus aufbauen.«

Mimikry

Herr B. wollte seine Mitarbeiterin Käthe R. besuchen. Ihre Wirtin empfing ihn mit den Worten: »Sind Sie der Mann, den mir die Gemeinde zum Holzhacken schickt? Dann kommen Sie mal mit in den Hof.«

Als Käthe R., die auf Herrn B. wartete, nach einer Weile aus dem Fenster schaute, sah sie Herrn B. Er hackte auf dem Hofe Holz.

Plebejische Tradition

Herr B. hatte eine starke Abneigung gegen Luxus, obwohl er häufig erklärte, es sei der Überfluß, für den es sich lohne zu leben. Eine Besucherin trug einen Mantel aus pelzähnlichem Gewebe, und Herr B. fragte: »Ist das Pelz?«

Sie sagte ihm, es sei ein modisches Gewebe, das nur wie Pelz aussehe.

»Ihr Glück«, sagte Herr B. scharf, »da werden Sie gerade noch bei der Revolution nicht aufgehängt.«

Letzter Einsatz

In seinem Landhaus wurde Herr B. von einem Dienstmädchen betreut, an dem er Gefallen fand. Sein Assistent Peter V. arbeitete mit ihm im Landhaus und fand ebenfalls Gefallen an dem Mädchen. Durch einen Zufall erfuhr Herr B. davon. Am nächsten Morgen herrschte, anders als sonst, am Frühstückstisch eisiges Schweigen.

Plötzlich sagte Herr B.: »Und was verstehen Sie vom Marxismus?«

Bauernfänger

Auf der Suche nach neuen Stücken für sein Theater fand Herr B. das Stück eines irischen Dramatikers über einen Jugendlichen, der seinen Papa gekillt hat und damit ein Held wird. Er beredete die Sache mit den Stückeschreibern Peter H. und Anna W. und drängte sie, das Stück zu übersetzen. »Das Stück ist sehr poetisch«, sagte er. »Sie können es in acht Tagen schaffen.«

Die beiden machten sich an die Arbeit. Nach drei Monaten brachten sie Herrn B. die Übersetzung des ersten Aktes.

Herr B. sagte erstaunt: »Was – schon?«

Bei der Hauptprobe zu einem altchinesischen Stück über einen Gelehrten, der vor lauter Schnorren nicht zum Studieren kommt, klappte die Beleuchtung nicht. Der Beleuchtungschef, der Bühnenmeister, der Inspizient wurden herbeizitiert. Herr B. verlangte kategorisch: »Es muß sofort ein neues Beleuchtungs-team gebildet werden.«

Die Zitierten wandten ein: »Wir haben zu wenig Leute.«

»Dann müssen Überstunden gemacht werden«, sagte Herr B.

Auf den Einwand, dazu sei kein Geld vorhanden, schrie Herr B., es sei sowieso unsinnig, für Über-stunden mehr zu bezahlen, da die Arbeiter dann müde seien, weniger leisteten, folglich weniger Lohn bekommen müßten.

Als Herr B. merkte, daß seine Mitarbeiter sich mit gesenkten Köpfen über ihn amüsierten, wurde er ganz ruhig, setzte sich und sagte: »Es gibt fünf Thea-ter in B. Davon vier schlechte.«

Eingeständnis

In einem Gespräch über das Sonett-Werk des Dichters Johannes R. B. behauptete der Schriftsteller Peter H., eigentlich könne man heute gar keine Sonette mehr schreiben.

Herr B. widersprach heftig und sagte: »Meines Wissens habe ich Sonette geschrieben.«

»Meines Wissens aber nur zu parodistischen Zwecken!« antwortete Peter H.

Herr B. hob den Kopf und Zeigefinger und sagte stolz: »Und zu pornographischen!«

Lateinstunde

Herr B. war nicht auf einer Sitzung der Akademie der Künste gewesen, und sein Freund Johannes R. B., der Präsident der Akademie, schrieb ihm: »Lieber Herr B., Sie waren nicht auf der Sitzung der Akademie. Erwartend, daß Sie bald daran teilnehmen ...«

Herr B. schrieb zurück: »Lieber Johannes R. B., das Partizip des Präsens sollte nur einer benutzen, der wie ich in Latein eine Eins hatte.«

Erinnerung

Ein Mitarbeiter von Herrn B. war in der Stadt M. gewesen, die Herr B. aus seiner Jugend gut kannte. Er fragte deshalb mit großem Interesse: »Haben Sie auch Weißwürste gegessen?«

Der Mitarbeiter hatte diese Spezialität probiert, sie hatte ihm nicht besonders geschmeckt.

»Warum denn nicht?« wollte Herr B. wissen.

»Weißwürste schmecken nach nichts«, sagte der Mitarbeiter.

Herr B. erwiderte genußvoll: »Ja, eben!«

Bayrische Nibelungentreue

Viele Leute fanden die Verse des Dichters Johannes R. B. nicht gut. Herr B. aber ließ nichts auf ihn kommen. Auf Vorhaltungen, viele dieser Verse seien wirklich schlecht, antwortete Herr B.: »Erstens ist er wie ich aus Bayern. Zweitens hat er genausoviel gute Verse geschrieben wie ich, wenn man sie zusammenzählt. Er hat nur eine andere Arbeitsmethode: Er dichtet immer, ich nur zuweilen.«

Metaphysik

Seine Liebe zu der süddeutschen Spezialität bekannte Herr B. bei vielen Gelegenheiten. Er erklärte kategorisch: »Die Weißwurst ist der höchste Genuß.«

Er wurde gefragt: »Warum?«

Verklärt antwortete Herr B.: »Wenn man anfängt, sie zu verstehen, ist sie schon weg.«

Arbeitsteilung

Der erste Kulturminister des neuen deutschen Staates war der Dichter Johannes R. B. Er wurde viel gefeiert und mit vielerlei Ämtern und Ehrungen überhäuft. Man fragte Herrn B., ob er das nicht albern finde.

»Gerade das ist es, was ich am meisten an ihm schätze«, erwiderte Herr B. »Es ist wichtig, daß jemand da ist, der unseren Politikern beibringt, wie sie sich zur Literatur zu verhalten haben. Ohne ihn müßte ich mir die Mühe nehmen, das selber zu tun. So spart er mir viel Zeit, die ich der Theaterarbeit widmen kann.«

Freundlichkeit

In der Hafenstadt R. inszenierte der Mitarbeiter Benno B. ein Stück von Herrn B. über ein chinesisches Freudenmädchen, das sich mit drei Göttern abgibt. Herr B. kam zur Generalprobe. »Wie geht es«, fragte er seinen Mitarbeiter, »kann ich Ihnen einen Krach abnehmen?«

Glückwunsch

Als Johannes R. B. zum Kulturminister des neuen deutschen Staates ernannt worden war, rief Herr B., der ein Frühaufsteher war, am nächsten Morgen um acht Uhr im Ministerium an. Er sagte: »Ich möchte den Herrn Minister sprechen.« Als er verbunden war, fragte er Johannes R. B.: »Sind Sie schon da?«

»Natürlich«, antwortete Johannes R. B.

»Sehen Sie«, sagte Herr B. »Ich kann noch schlafen.«

Berichtigung

Der Mitarbeiter Benno B. war von Herrn B. in die Proben zu seinem Stück über einen italienischen Naturwissenschaftler des 17. Jahrhunderts geschickt worden, der einige Schwierigkeiten mit der Kirche hatte. Die Titelrolle spielte der große Schauspieler Ernst B. Es gab einen Krach. Der Schauspieler verließ die Probe, kam aber nach einiger Zeit wieder. Dann gab es einen neuen Krach. Der Mitarbeiter verließ die Probe und kam nicht wieder.

Am Nachmittag fragte Herr B. seinen Mitarbeiter: »Ich höre, es ging nicht gut heute morgen?«

Betont gleichgültig sagte Benno B.: »Er will nicht mit Wasser kochen.«

»Nein«, sagte Herr B., »nicht mit Wein.«

Pedanten

Ein Dichter war gestorben, und der Schriftstellerverband entwarf ein Beileidstelegramm. Die Kollegen wurden aufgefordert, es zu unterschreiben.

Johannes R. B. fragte zurück: »Wer steht drunter?«

Herr B. fragte: »Was steht drin?«

Wissenschaftliche Analyse

Der Schauspieler und Volkssänger Ernst B. hatte sich wieder einmal geärgert, diesmal über eine Organisation. Wütend machte er sich Luft und rief: »Die ganze Bande soll mich am Arsch lecken!«

Ein führender Vertreter der Organisation kam zu Herrn B. und beklagte sich über den Schauspieler. Entrüstet wiederholte er, was jener gesagt hatte.

Herr B. tröstete und sagte: »Aber das hält er doch gar nicht aus.«

Schlagendes Argument

Als wieder eine Diskussion im westlichen Teil der Hauptstadt stattfand, kamen Herr B. und seine Freunde zu spät. Sie mußten sich mühsam durch den vollbesetzten Saal drängen.

Neonationale Gruppen der Stadt hatten ein kleines Rollkommando entsandt, das ebenfalls zu spät kam. Die Leute drängten gemeinsam mit Herrn B. nach vorn. Einer verlor dabei seinen Gummiknüppel.

Herr B. hob ihn auf und reichte ihn höflich zurück: »Hier«, sagte er, »Sie haben Ihre Argumente verloren.«

Lauterkeit

Als Herr B. sein Stück über den italienischen Naturwissenschaftler inszenierte, erinnerte ein Freund ihn daran, daß das Proletariat ein echtes Bedürfnis nach Reichtum habe. Herr B. beschloß also, die Dekoration des Stückes aus reinem Kupfer anfertigen zu lassen. Dieses Material war sehr rar und kaum zu beschaffen. Man schlug Herrn B. vor, anstelle des Kupfers eine Imitation aus Pappe zu nehmen.

Herr B. lehnte entrüstet ab: »Das ist unmöglich. Wenn ich dem Proletariat Reichtum biete, dann muß er auch echt sein.«

Fixierung

Ein Mitarbeiter fragte Herrn B., welche Farbe eine bestimmte Kulisse haben solle.

Herr B. antwortete großzügig: »Jede Farbe ist mir recht, Hauptsache, sie ist grau.«

Pädagogik

Im westlichen Teil der Hauptstadt wurden von Zeit zu Zeit Gespräche über kulturelle Freiheit veranstaltet. Man sprach wieder einmal vom Humanismus, und die Leute, mit denen Herr B. gekommen war, traten sehr stark dafür ein. Einem Journalisten, Vertreter eines westlichen Nachrichtenmagazins, mißfiel das. Er fragte näselnd: »Könnten Sie mir vielleicht sagen, was Sie unter Humanismus verstehen?«

Die Diskussion wurde laut und philosophisch. Die Feindschaften wuchsen. Keiner war zufrieden.

Herr B., den man schon fast vergessen hatte, nahm endlich die Zigarre aus dem Mund, wandte sich an den Journalisten und fragte: »Haben Sie Kinder?«

Ja, er habe zwei.

»Schlagen Sie Ihre Kinder?« fragte Herr B. weiter.

Der Journalist zögerte: »Hin und wieder ... Wenn es sein muß.«

»Sehen Sie«, sagte Herr B., »wir schlagen unsere Kinder nie.«

Wandlung

In einer Szene wurden Blumen gebraucht. Der Cacheur Eddi F. hatte in der Eile frische Blumen gekauft und brachte sie auf die Bühne. Herr B. war entsetzt und schrie: »Echte Blumen sind auf der Bühne unmöglich!«

Der Cacheur nahm wütend die Blumen, spritzte sie grau an und brachte sie zurück.

Herr B. war entzückt: »Diese Blumen sind wunderbar!« rief er. »Jetzt sehen sie echt aus!«

Sanfte Belehrung

Während einer Probe stockte die Arbeit. Die Schauspieler waren unaufmerksam und begannen zu blödeln. Der Mitarbeiter Manfred W. versuchte eifrig, die Probe wieder in Gang zu bringen, und rief: »Warum geht es denn nicht weiter?«

Da schrie Herr B. seinen Mitarbeiter mit wütender Stimme an: »Was erlauben Sie sich?« und noch lauter: »An meinem Theater herrscht ein freundlicher Ton!«

Erste Hilfe

Viele Schauspieler sprachen Herrn B. ihre Rollen vor. Eine junge Schauspielerin wählte die Kerkerszene aus Goethes »Faust«. Sie spielte mit großem Einsatz von Schweiß und Tränen Gretchens Zusammenbruch. Herr B. schaute erschüttert zu und sagte: »Gebt ihr ein Glas Wasser.«

Träumereien

Eine Prachtstraße im Osten der Hauptstadt, die mehrmals umbenannt wurde, galt einige Jahre als Gipfel der deutschen Bautradition. Herr B., befragt, wie sie ihm gefalle, sagte träumerisch: »Wie gut, daß wir den Sozialismus haben. Da können wir in fünfzig Jahren alles wieder abreißen.«

Verfremdungseffekt

Ein alter Freund fragte Herrn B., warum er so viele Dummköpfe um sich versammelt habe. Herr B. antwortete ausweichend, niemand sei zu allem unnütz; man müsse nur herausfinden, wozu er tauge.

Nach einer Weile fügte Herr B. hinzu: »Ich hatte einen Bekannten, den Philosophen Karl K., der ließ sich eine Wasserleitung ins Arbeitszimmer legen. Das Plätschern des Wassers übertönte den störenden Lärm der Straße. Dieses Plätschern besorgen bei mir die Dummköpfe.«

Rechtsempfinden

Ein Betrunkener hatte den Staat und den Sozialismus beschimpft, einen Volkspolizisten angepöbelt und war tätlich geworden. Der Staatsanwalt wollte drei Jahre Gefängnis für ihn beantragen, und Herr B. wurde gebeten, für den Angeklagten etwas zu tun. Herr B. sagte zu und hielt Wort.

Nach einiger Zeit erkundigte er sich, wie die Angelegenheit ausgegangen sei. Als er hörte, was mit dem Mann geschehen war, schrie er wütend einen Bekannten an: »Es ist unglaublich, man hat ihn einfach freigelassen!«

Nach der Regel

Barbara B., die Tochter von Herrn B., erwartete mit 20 Jahren das erste Kind. Es gab Komplikationen, und Herr B. wurde von der Mutter unterrichtet.

Herr B. war völlig überrascht. »Was?« rief er, »das Kind kriegt ein Kind? Wie konnte denn das passieren?«

Literaturdiskussion

An einem Tag im Juni 1953 rief Kurt B., der Sekretär des Schriftstellerverbandes, Herrn B. in seinem Theater an und fragte erregt, ob er schon wisse, daß es Demonstrationen in der Stadt gebe. Herr B. wußte es und fragte zurück, was man im Schriftstellerverband zu tun gedenke. Der Sekretär antwortete: »Die Gefahr ist groß. Wir haben uns ver-barrikadiert. Waffen haben wir keine. Aber wenn es zum letzten kommt, werden wir uns mit Stuhlbei-nen verteidigen.«

Herr B. hängte ein, wandte sich an seine Mitar-beiter und sagte: »Ein deutscher Schriftsteller in Erwartung seiner Leser.«

Das Zauberwort

Am Nachmittag des 17. Juni 1953 fuhr Herr B. mit seinem Wagen durch die Stadt. Eine dichte Volks-menge hielt ihn auf. Sein Auto machte ihn ver-dächtig.

Herr B. lehnte sich aus dem Fenster und rief: »Lassen Sie mich durch. Ich bin Kurzwarenhändler. Ich muß in mein Geschäft.«

Herr B. konnte passieren.

Zu schwer befunden

Herr B. liebte es, sich von Zeit zu Zeit unter das Volk zu mischen. Er besuchte besonders gern die alten Stampen, wo die Bauarbeiter verkehrten. In einem Gespräch erfuhr er von einem sechzigjährigen Arbeiter, daß dieser täglich Steine auf Leitern bis zu zehn Etagen hochschleppe.

»Können Sie das denn noch in Ihrem Alter?« fragte Herr B.

Der Arbeiter sah Herrn B. abschätzend an und sagte: »Sie schlepp' ick noch zweimal rauf und runter.« Nach einer Weile fügte er respektvoll hinzu: »Nich' Ihr'n Jeist.«

Rationalisierung

Lange Zeit probte Herr B. an einem Stück seines Freundes Johannes R. B., in dem sogar Panzer auf die Bühne rollten. Der Hauptdarsteller Ekkehard Sch. hatte Schwierigkeiten mit seiner Figur, und Herr B. schrieb ihm einen Brief. Dieser wurde später berühmt wegen seiner Anweisungen zur Schauspielkunst.

Nach einer Probe sagte Herr B. plötzlich zu dem Schauspieler: »Ich habe Ihnen einen Brief geschrieben. Kaufen Sie sich die NDL, da steht er drin.«

Arbeitsersparnis

Herr B. äußerte die Absicht, ein Stück über den Aktivisten Hans G. zu schreiben. Dieser hatte einen Brennofen neu ausgemauert, ohne die Produktion zu unterbrechen. Das Stück sollte in Versen geschrieben werden. »In Versen schreiben macht nur die halbe Arbeit«, sagte Herr B., »wenn man den ersten Satz hat, braucht man nur noch den Reim für den zweiten.«

Praktische Denkmäler

In einem Gespräch mit bildenden Künstlern warf der Architekt Fritz H. ihnen vor, sie blieben hinter der technischen Entwicklung zurück. Immer noch machten sie Denkmäler aus Stein, Bronze oder Gips. Zeitgemäß seien Denkmäler aus Plastik, zum Aufblasen. Je nach der Situation könne man sie größer oder kleiner machen, indem man Luft hineinpumpe oder ablasse.

Herr B. war begeistert. »Ein solches Denkmal möchte ich auch haben«, sagte er. »Aber ich bitte mir aus, daß ich auf einem Pferd sitze, eine Manuskriptrolle in der erhobenen Hand halte und ins Deutsche Theater reite.«

Primat der Ökonomie

Dem Schauspieler Willi Sch. war eine Rolle in einem Fernsehstück angeboten worden. Sein Honorar sollte 1000 Mark betragen, was in den Anfängen des Fernsehens viel Geld war. Das Fernsehstück handelte über den 1. Mai und sollte auch am 1. Mai live gesendet werden.

Willi Sch. hatte an diesem Abend Vorstellung. Da seine Rolle klein war, bat er einen Kollegen, ihn zu vertreten, und ging zu Herrn B., seine Zustimmung einzuholen.

Herr B. war nicht einverstanden: Er sei nicht bereit, wegen eines Fernsehengagements eine Rolle umzubesetzen.

Nach einigem Zögern gestand der Schauspieler: »Es handelt sich um 1000 Mark.«

»Ach so!« sagte Herr B. »Bewilligt.«

Gefahren guter Architektur

Auf eine Prachtstraße im Osten der Hauptstadt wurde viel geschimpft. Das Schimpfen machte Herrn B. zornig. »Was wollen Sie?« sagte er. »Wir unterdrücken die Bevölkerung, zwingen sie, Hochschulen zu besuchen, die Wirtschaft zu organisieren, den Staat zu leiten. Würden wir auch noch gute Architektur machen, könnte die Regierung sich keinen Tag mehr halten.«

Thema zwei

Das bekannte Thema, was die Kunst solle, beschäftigte auch Herrn B. In einem Gespräch mit dem Schriftsteller Peter H. meinte er, die Aufgabe der Kunst sei es, Neues mitzuteilen. Peter H. bezweifelte das.

»In gewissen Zeitungen«, sagte Herr B., »gibt es eine Kolumne mit der Überschrift: ›Was viele nicht wissen‹. Das ist das eigentliche Thema der Kunst.«

Nach einer Weile fügte er hinzu: »Aber vielleicht sollte man besser sagen: Was viele nicht wissen wollen.«

Begründete Abneigung

Der Schweizer Dramatiker Max F. hatte als Architekt begonnen und übte diesen Beruf auch noch aus, nachdem seine Stücke Erfolg hatten. In einem Gespräch über gute Architekten wurde auf ihn hingewiesen.

»Den kann ich nicht leiden«, sagte Herr B., »der schreibt auch.«

Nächstenliebe

In einer Beratung über den Weg des neuen deutschen Theaters wurde über die Unfähigkeit einiger Regisseure und Intendanten geklagt. Herr B. sagte unbekümmert: »Setzt sie doch ab.«

»Man kann die Leute nicht einfach auf die Straße werfen!« gab ein Vertreter des Kulturministeriums zu bedenken.

»Warum nicht?« fragte Herr B. »Sind unsere Straßen etwa schlecht?«

Selbstkenner

Der junge Literaturwissenschaftler Ernst Sch. hatte eine Dissertation von 600 Seiten über die frühen dramatischen Versuche von Herrn B. geschrieben. Ein anderer Literaturwissenschaftler, Wieland H., kritisierte vor Herrn B. einige Stellen seines Kollegen. Er hörte mit Verwunderung, daß Herr B. die Dissertation nicht gelesen habe, und er fragte nach dem Grund.

Herr B. antwortete gelassen: »Er hat das Buch doch nicht für mich geschrieben.«

Kleiner Zweifel

In der Mitte des Jahrhunderts kam im Westen eine Theaterrichtung auf, deren Autoren das menschliche Tun als absurd darstellten. Einer ihrer führenden Vertreter war der gebürtige Rumäne Eugène I. Herr B. lernte ihn eines Tages kennen.

»Die Welt ist nicht erkennbar«, sagte Eugène I.

»Woher wissen Sie das?« fragte Herr B.

Jiu-Jitsu

Im Laufe seines Lebens hatte Herr B. eine Technik zu schreien entwickelt. Er war fähig, in einer harmlosen Diskussion irrsinnig zu schreien, ohne sich zu erregen.

Einmal stritt er sich mit einem Bekannten über die Qualität eines Filmes. Während Herr B. schrie, blieb jener ganz ruhig und sagte es auch: »Warum schreien Sie so? Sie sehen doch, daß ich ganz ruhig bleibe.«

Herr B. schrie ihn an: »Das finde ich unfair!«

Konkrete Kunst

Das berühmteste Stück der neuen Theaterrichtung, die das menschliche Tun als absurd darstellte, brachte zwei Männer auf die Bühne, die zwei Stunden auf einen Herrn G. warten, welcher nicht kommt.

Herr B. erklärte, er möchte dieses Stück gern aufführen, und zwar genauso, wie es im Westen gespielt werde. »Allerdings«, fügte er hinzu, »würde ich auf dem Hintergrund gleichzeitig einen Film laufen lassen: Der Aufbau in Sibirien.«

Lohn der Angst

Der Schauspieler Wolf K., der am Theater von Herrn B. tätig war, soll gesagt haben, er spiele nur noch große Rollen. Das galt als Kapitalverbrechen. In einer Betriebsversammlung wurde der Schauspieler dazu vernommen, und er konterte erregt: »Ich will wissen, wer das gesagt hat.«

Als er keine Antwort bekam, wiederholte er 20 Minuten lang unentwegt: »Ich will wissen, wer das gesagt hat.«

Herr B. saß dabei und genoß die Situation.

Am Abend ging er zu Wolf K. in die Garderobe und bot ihm einen Dreijahresvertrag an: »Wir bearbeiten den ›Kaufmann von Venedig‹. Und Sie spielen den Shylock. Siehe heute morgen.«

Kronzeuge

Die Beschäftigung mit Hexametern war ein altes Steckenpferd von Herrn B. Schon in seiner Jugend quälte er seine Freunde mit der Forderung, improvisierte Diskussionen in diesem altgriechischen Versmaß zu führen. Später mußten die Freunde immer wieder seine Versuche begutachten, das »Kommunistische Manifest« in Hexameter zu fassen.

Als er damit gescheitert war, gab er die Versuche auf und erklärte heftig, Hexameter zu schreiben sei heute unmöglich. Als Beweis führte er das Zeugnis des Schriftstellers Lion F. an. »Er versteht nichts von Kommunismus«, sagte Herr B. überzeugt, »aber viel von Hexametern.«

Demokratie

Die Schauspielerin Elsa G.-D. war zwei Stunden zu spät zu einer Betriebsversammlung des Theaters gekommen, an das Herr B. sie engagiert hatte. Sie hatte verschlafen. Als sie den Versammlungsraum betreten wollte, verließ ihn Herr B. gerade. In großer Sorge, Wichtiges versäumt zu haben, fragte sie ihn, was dort geschehe.

Herr B. antwortete ihr präzise: »Reden, reden, reden.«

Gebrauchswert schlechter Lyrik

Herr B. bedauerte manchmal, keine gute Sammlung schlechter Lyrik zu haben. Besonders an den Produkten seiner Zeitgenossen war ihm gelegen. Befragt, wozu er eine solche Sammlung brauche, antwortete er: »Für die freudlosen Tage des Alters. Da kann man sie anschauen, nicken und sagen: Auch das hat zu meiner Zeit vom Schreiben gelebt.«

Traumdeutung

Zur Verwunderung seiner Besucher las Herr B. mit großem Interesse dicke sowjetische Romane der Nachkriegszeit, in denen der Sozialismus in rosarotem Licht geschildert wurde.

Auf die Frage, warum er solche Bücher lese, antwortete Herr B.: »Ich will gern wissen, wie sie sich die Welt vorstellen.«

Das dritte B

Herr B. liebte alle Theater, in denen einmal ein Stück von ihm aufgeführt worden war. Als er von der Absicht hörte, eines dieser Theater wieder aufzubauen, schwärmte er, es müßte eine Sommerbühne mit Gartenwirtschaft werden. Die Zuschauer sollten Bier trinken und Buletten essen, die Kellner sollten ungehindert kassieren, während zur gleichen Zeit Stücke gespielt würden, die Herr B. eigens dafür schreiben wollte.

»Die Schauspieler müssen dann ständig gegen den Gaststättenbetrieb da unten anspielen«, sagte Herr B.

»Das ist ein Jugendtraum von mir. Und das ganze heißt b. b. b. – B.s Bunte Bühne.«

Geständnis

In seinem Landhaus vor den Toren der Hauptstadt erhielt Herr B. den Besuch einer Gruppe uniformierter Kinder. Ein Sprecher von ihnen sagte zu Herrn B.: »Wir sind die Arbeitsgemeinschaft Junger Naturforscher. Wir haben gehört, Sie leben hier. Wie ist Ihr Leben?«

Herr B. antwortete: »Hart.«

Verführung

Das Theater von Herrn B. gastierte zum erstenmal in der französischen Hauptstadt. Herr B. aß mit Schauspielern in einem Restaurant und machte am Ende des Essens die Bekanntschaft der Käseplatte. Trotz seines streng konservativen Geschmacks war er tief beeindruckt von den zwanzig angebotenen Käsesorten. Herr B. sagte erbittert: »Man müßte diese Käseplatte im Foyer unseres Theaters ausstellen – damit das deutsche Volk einmal lernt, was Kultur ist.«

Vorläufer

In der französischen Hauptstadt wurde Herr B. von seinen Gastgebern auch in eine der berühmten Kathedralen geführt. Mit großer Begeisterung priesen sie die Wunder dieser Architektur: Portale, Rosen, Skulpturen, Gewölbe, Pfeiler, Maßwerk, Glasfenster, Rhythmus und Harmonie der Proportionen und den tiefen Sinn, der alles eint.

»Ja«, sagte Herr B. ergriffen, »inszenieren haben sie auch schon gekonnt.«

Vorzüge des Katholizismus

Einige Jahre nach seiner Rückkehr aus der Emigration erkrankte Herr B. und ging in ein katholisches Krankenhaus. Seine Freunde fragten ihn erstaunt, warum er als Atheist ein katholisches Hospital gewählt habe.

Herr B. lächelte stolz und erklärte: »Schon bei Lenin können Sie nachlesen, daß man nicht zu kommunistischen Ärzten gehen soll; die kümmern sich zuviel um Politik.«

Tierfreunde

In einer Anekdoten-Sammlung hatte Herr B. geschrieben, daß er Katzen nicht besonders möge. Bei einem Besuch sah der Schriftsteller Erwin St., der ein Pferdenarr war und auch Pferde züchtete, bei Herrn B. eine kleine Katze, die ihm behaglich die Wurst vom Abendbrot fraß. Später sah er die Katze öfter wieder, sie hatte sich unbehelligt in der Wohnung breitgemacht.

Erwin St. stichelte, er wundere sich, eine Katze auf dem Tisch zu sehen. Wie Herr B. das mit seiner Theorie vereinbaren könne.

Herr B. antwortete: »Weil die Katze kein Pferd ist. Es möchte auch bös ausschauen, wenn sich ein Pferd auf deinem Abendbrottisch wälzen wollte.«

Folgen der Sanftmut

Auf dem 20. Parteitag der großen sozialistischen Bruderpartei befürchteten Freunde von Herrn B., der neue Parteisekretär Nikita Ch. werde nach einiger Zeit das gleiche machen wie sein Vorgänger Josef St.

Herr B. widersprach: »Das geht nicht. Er kann nicht das gleiche machen. Er kann nicht sagen: St. war böse und gewalttätig, und ich bin gut und sanft, und wer es mir nicht glaubt, wird erschossen.«

Dankbarkeit

Der Schauspieler Hans G. hatte zwei Jahre lang bei Herrn B. gespielt und verließ ihn dann. Er kehrte in sein Heimatland zurück, produzierte Kinderspielzeug, gab Unterricht, baute ein Haus und ging ähnlichen Tätigkeiten nach. Herr B. versuchte immer wieder, den Schauspieler für sein Ensemble zurückzugewinnen. Er hatte keinen Erfolg. Als man ihn fragte, warum er ihn unbedingt haben wolle, es gebe doch auch andere gute Schauspieler, antwortete Herr B.: »Ja, aber er hat gesagt, er wisse nicht, warum ich nicht Papst geworden sei.«

Hellsehen

Ein Schriftstellerkongreß stand bevor. Die Funktionäre schufteten. Alles wurde bis ins kleinste vorbereitet. Auch Herr B. wurde auf die Rednerliste gesetzt. Der Sekretär des Verbandes, der Schriftsteller Eduard C., erhielt den Auftrag, Herrn B. für die Rede zu gewinnen.

Herr B. empfing ihn mit den Worten: »Ich weiß schon, was Sie wollen. Ich bin einverstanden, ich werde reden.«

Bei der weiteren Vorbereitung des Kongresses erschien einigen Funktionären eine Rede von Herrn B. nicht mehr wünschenswert. Der Sekretär erhielt den Auftrag, Herrn B. zu gewinnen, daß er keine Rede halte. Als der Sekretär zu ihm kam, sagte Herr B.: »Trinken wir einen Cognac?«

Sie tranken, und Herr B. schenkte dem Sekretär weiter ein. Nach dem fünften Cognac fragte Herr B.: »Können Sie es mir jetzt sagen?«

Fair play

Nach einiger Zeit wurde Herr B. natürlich doch gebeten, die Rede zu halten. Außerdem bat man ihn, die Sektion Dramatik zu leiten. Er übernahm sogar ein kleines Referat. Nun meldeten sich die Verteidiger des »Dramatischen Theaters« und verlangten ebenfalls einen Redner.

Herr B. war einverstanden. Er sagte: »Sie wissen, ich bin ein großer Freund des Boxsports. Im Madison Square Garden sah ich allerdings immer nur gleichgewichtige Gegner miteinander boxen. Ich schlage also vor, daß die Gegenseite vielleicht zwei Redner in den Ring schickt.«

Prophezeiung

Der Schriftsteller Stefan H. unterhielt sich mit Herrn B. über die neuere sowjetische Literatur. Beide waren sich einig darüber, daß es bald wieder eine geben werde. Stefan H. meinte, die Frage sei bloß, wann.

»Ganz einfach«, sagte Herr B. »Wenn ein sowjetischer Roman mit dem Satz beginnt: Minsk ist die langweiligste Stadt der Erde.«

Goldene Worte

Unter den Schülern von Herrn B. brach ein Streit über die Frage aus, ob die Verse von der Wirtin an der Lahn zur Literatur gehörten. Es herrschte die Meinung vor, sie wegen ihrer Obszönität nicht dazuzurechnen.

Herr B. wurde um Rat gefragt. Er antwortete würdevoll: »Jeder deutsche Dichter, der etwas auf sich hält, wird Wirtinnen-Verse machen. Ich habe das Meine getan.«

Abstinenz

Herr B. liebte es, die Haltung einzunehmen, über die er gerade schrieb. In seinem Landhaus verfaßte er wenige Jahre vor seinem Tode eine Anzahl Elegien, die voll von Einsicht und Weisheit waren.

Der Schauspieler Ekkehard Sch. war bei Herrn B. zu Gast und wollte am Morgen einen leichten Kajak ins Wasser bringen. Er brauchte jemand, der ihm dabei half. Herr B. sah die ganze Zeit zu und sagte: »Heute nachmittag kommt mein Chauffeur. Ich werde ihn zu Ihnen schicken. Er kann Ihnen dann helfen.«

Naturgefühl

Vor den Toren der Hauptstadt hatte Herr B. ein Landhaus an einem schönen See. Er arbeitete dort mit seinen Mitarbeitern und empfing auch Besucher. Die Landschaft war wirklich sehr schön, und ein Besucher schlug einen gemeinsamen Spaziergang vor.

Herr B. antwortete verächtlich: »Ich bin doch kein Tourist.«

Fachwissen

Herr B. unterhielt sich gern mit Bühnenarbeitern, Technikern, Chauffeuren. Er beantwortete ihnen sogar Fragen, auf die er sonst nicht einging. Einer fragte ihn, wie es mit dem Tode sei.

»Wissen Sie«, sagte Herr B., »mit dem Leben ist das so: Die Herzklappen öffnen sich und schließen sich und öffnen sich und schließen sich, und eines Tages öffnen sie sich dann einfach nicht mehr.«

Dogmatiker

Das Stück von Herrn B. über die Geschäftsfrau mit den drei unehelichen Kindern sollte in der Goldenen Stadt aufgeführt werden. Aber man wünschte dort einen revolutionären Schluß. So wurde ein Dramaturg zu Herrn B. geschickt mit der Bitte, einen solchen Schluß zu liefern.

Der Dramaturg studierte eine Zeitlang die Arbeitsweise von Herrn B., und sein Mut sank. Endlich trieb sein Pflichtgefühl ihn zu Herrn B., und er brachte seine Bitte vor.

Herr B. hörte aufmerksam zu und sagte dann: »Sehen Sie, ich bin ein Klassiker. Man wird das Stück spielen mit dem alten Schluß. Man wird es spielen mit einem neuen Schluß. Wozu soll ich also einen neuen Schluß schreiben?«

Anstiftung

Nach seiner Heimkehr in die Hauptstadt verkehrte Herr B. eine Zeitlang in einem Künstlerklub, der nach einem Seevogel »Die Möwe« genannt worden war. Da man nur auf Empfehlung eines anderen hineinkommen konnte, wurde das Lokal zum Sammelpunkt.

Auf dem Friedhof, neben dem Herr B. wohnte, entdeckte er die Gräber der Philosophen Johann Gottlieb F. und Georg Wilhelm Friedrich H.

»Da werde ich mich auch beerdigen lassen«, sagte

Herr B., »und das wird Schule machen. Ein Kollege nach dem anderen wird mir folgen. Das wird dann die ›Möwe‹ unter den Friedhöfen sein.«

Ein Credo

Herr B. wurde gefragt, welche Zukunft er seinem Epischen Theater gebe. Er meinte, einige hundert Jahre werde es bestimmt vorhalten. »Aber es wird ihm gehen wie der katholischen Kirche, bis sie mit den Häresien fertig wurde, war sie schon wieder reif zum Abtreten.«

Pietät

In der Hauptstadt wohnte Herr B. neben einem alten Friedhof, auf dem er später – infolge von Beziehungen – auch beerdigt wurde. Der Friedhof wurde von einer kirchlichen Stelle verwaltet. Der Abort seiner Wohnung hatte kein Fenster, weil es unerwünscht war, daß von diesem Ort aus ein Fenster auf den Friedhof ging. Herrn B. störte die fehlende Aussicht. Er ließ ein Fenster brechen, ohne sich aus der Reaktion der kirchlichen Stelle etwas zu machen.

»Jetzt habe ich mein Fenster«, sagte Herr B. triumphierend seinem Mitarbeiter Benno B., der ihm beim Rasieren zusah, »und jetzt scheiß ich auf die Gräber.«

Schlußwort

Freunde von Herrn B. rätselten über die alte Streitfrage: Was ist Kunst? Nach langer Debatte sagte einer ärgerlich: »Alles Quatsch. Kunst ist, wenn man mitten in die Stube scheißt.«

Herr B. horchte auf und begann zu überlegen. »Nein«, sagte er. »Kunst ist, wenn man unter Beifall mitten in die Stube scheißt.«

Nachwort der Herausgeber

Die Freunde, Feinde, Geliebten, Schüler, wirklichen und angeblichen Mitarbeiter Herrn B.s, von denen wir diese Geschichten haben, schworen uns, in weltlicher oder geistlicher Form, sie hätten sich genau so zugetragen. Von den meisten Geschichten erhielten wir auf diese Weise mehrere authentische Fassungen. Über die endgültige Auswahl entschieden wir durch das Los.

Unsere Leser mögen sich trotzdem nicht davon abhalten lassen, uns mitzuteilen, wie es wirklich gewesen ist. Für neue Geschichten sind die Herausgeber besonders dankbar.

Louis A. – Louis Aragon (1897–1982), Schriftsteller

Ernst Joseph A. – Ernst Joseph Aufricht (1898–1971), Theaterdirektor

Johann Sebastian B. – Johann Sebastian Bach (1685–1750), Kantor und Komponist

Kurt B. – Kurt Barthel, Pseudonym Kuba (1914–1967), Schriftsteller

Johannes R. B. – Johannes R. Becher (1891–1958), Schriftsteller

Ludwig van B. – Ludwig van Beethoven (1770–1827), Komponist

Walter B. – Walter Benjamin (1892–1940), Philosoph und Schriftsteller

Eric B. – Eric Bentley (*1916), Schriftsteller

Ruth B. – Ruth Berlau (1904 bis 1974), Schauspielerin

Benno B. – Benno Besson (*1922), Regisseur

Ernst B. – Ernst Bloch (1885 bis 1977), Philosoph

Barbara B. – Barbara Brecht (*1930), Schauspielerin

Bernard B. – Bernard von Brentano (1901–1964), Schriftsteller

Arnolt B. – Arnolt Bronnen (1895–1950), Schriftsteller

Harry B. – Harry Buckwitz (1904–1987); Regisseur

Ernst B. – Ernst Busch (1900 bis 1980), Sänger und Schauspieler

Norbert Ch. – Norbert Christian (1925–1976), Schauspieler

Nikita Ch. – Nikita Sergejewitsch Chruschtschow (1894–1971), sowjetischer Partei- und Regierungschef

Eduard C. – Eduard Claudius (1911–1976), Schriftsteller

Paul D. – Paul Dessau (1894 bis 1979), Komponist

Fred D. – Fred Düren (*1928), Schauspieler

Friedrich E. – Friedrich Ebert (1871–1925), Reichspräsident

Friedrich E. – Friedrich Ebert (1894–1979), Sohn des vorigen, Berliner Oberbürgermeister

Albert E. – Albert Einstein (1879–1955), Physiker

Hanns E. – Hanns Eisler (1898 bis 1962), Komponist

Erich E. – Erich Engel (1891 bis 1966), Regisseur

Lion F. – Lion Feuchtwanger (1884–1958), Schriftsteller

Johann Gottlieb F. – Johann Gottlieb Fichte (1762–1814), Philosoph

Eddi F. – Eduard Fischer (1916 bis 1992), Theaterplastiker, Kascheur

Erich F. – Erich Franz (1903 bis 1961), Schauspieler

Max F. – Max Frisch (1911 bis 1991), Schriftsteller

Hans G. – Hans Garbe, Maurer, der mit einer spektakulären Arbeitsleistung 1950 den reibungslosen Fortgang der Arbeit an einem Schmelzofen sicherte, als »Held der Arbeit« ausgezeichnet und mehrfach (Brecht, Eduard Claudius) literarisch gestaltet wurde

Hans G. – Hans Gaugler, Schauspieler

Heinrich G. – Heinrich George (1893–1946), Schauspieler

Therese G. – Therese Giese (1898–1975), Schauspielerin

Herr G. – Godot; literarische Gestalt aus Samuel Becketts Stück »Warten auf Godot«

Johann Wolfgang G. – Johann Wolfgang von Goethe (1749 bis 1832), Schriftsteller

Maxim G. – Maxim Gorki (1868–1936), Schriftsteller

Georg G. – George Grosz (1893 bis 1959), Maler und Graphiker

Otto G. – Otto Grotewohl (1894 bis 1964), Politiker

Elsa G.-D. – Elsa Grube-Deister (1926–2001), Schauspielerin

Gustaf G. – Gustaf Gründgens (1899–1963), Schauspieler

Peter H. – Peter Hacks (1928 bis 2003), Schriftsteller

Wolfgang H. – Wolfgang Harich (1923–1995), Philosoph

Elisabeth H. – Elisabeth Hauptmann (1897–1973), , Schriftstellerin

Georg Wilhelm Friedrich H. – Georg Wilhelm Friedrich Hegel (1770–1831), Philosoph

Hermann H. – Hermann Henselmann (1905–1995), Architekt

Wieland H. – Wieland Herzfelde (1896–1988), Verleger und Literaturwissenschaftler

Stefan H. – Stefan Heym (1913 bis 2001), Schriftsteller

Paul von H. – Paul von Hindenburg (1847–1934), Generalfeldmarschall, Reichspräsident

Sidney H. – Sidney Hook (1902–1989), Philosoph

Leopold I. – Leopold Infeld (1898–1968), Physiker

Eugène I. – Eugène Ionesco (1909–1994), Schriftsteller

Hanns J. – Hanns Johst (1890 bis 1978), Schriftsteller

Heinz K. – Heinz Kahlau (*1931), Schriftsteller

Ernst K. – Ernst Kahler (1914 bis 1993), Schauspieler

Wolf K. – Wolf Kaiser (1916 bis 1992), Schauspieler

Manfred K. – Manfred Karge (*1938), Schauspieler

Alfred K. – Alfred Kerr (1867 bis 1948), Kritiker

Heinrich K. – Heinrich Kilger (1907–1970), Bühnenbildner

Arthur K. – Arthur Koestler (1905–1983), Schriftsteller

Fritz K. – Fritz Kortner (1892 bis 1970), Schauspieler

Karl K. – Karl Kraus (1874 bis 1936), Schriftsteller

Arthur K. – Arthur Kutscher (1874–1936), Theaterwissenschaftler

Peter Martin L. – Peter Martin Lampel (1894–1965), Schriftsteller

Lucius Licinius L. – Lucius Licinius Lucullus (um 117 bis 57 v. Chr.), Feldherr

Georg L. – Georg Lukács (1885–1971), Philosoph

Kurt M. – Kurt Maetzig (*1911), Regisseur

Thomas M. – Thomas Mann (1875–1955), Schriftsteller

Außenminister M. – Wjatscheslaw Michailowitsch Molotow (1890–1986), Politiker

Carola N. – Carola Neher (1900–1942), Schauspielerin

Jungfrau von O. – literarische Gestalt aus dem Drama »Die Jungfrau von Orleans« von Friedrich Schiller

Erwin P. – Erwin Piscator (1893–1966), Regisseur

Bernhard R. – Bernhard Reich (1880–1972), Regisseur

Käthe R. – Käthe Reichel (*1926), Schauspielerin

Max R. – Max Reinhard (1873 bis 1943), Regisseur

Ekkehard Sch. – Ekkehard Schall (1930–2005), Schauspieler

Raimund Sch. – Raimund Schelcher (1910–1972), Schauspieler

Friedrich Sch. – Schiller (1759 bis 1805)

Arnold Sch. – Arnold Schönberg (1874–1951), Komponist

Willi Sch. – Willi Schrade (*1935), Schauspieler

Ernst Sch. – Ernst Schumacher (*1921), Literaturwissenschaftler

Anna S. – Anna Seghers (1900 bis 1983), Schriftstellerin

Upton S. – Upton Sinclair (1878–1968), Schriftsteller

Josef St. – Josef Wissarionowitsch Dschugaschwili, gen. Stalin (1879–1953), Politiker

Wolfgang St. – Wolfgang Staudte (1906–1984), Regisseur

Fritz St. – Fritz Sternberg (1895 bis 1963), Regisseur

Erwin St. – Erwin Strittmatter (1912–1994), Schriftsteller

Peter S. – Peter Suhrkamp (1891–1959), Verleger

Gody S. – Gody Suter, Kritiker

Nico T. – Nico Turoff (eigtl.
Nico Kopitschko; 1899 bis
1978), Schauspieler

Karl V. – Karl Valentin (1882
bis 1948), Schauspieler und
Stückeschreiber
Peter V. – Peter Voigt (*1933),
Regisseur

Rudolf W.-R. – Rudolf Wagner-
Régeny (1903–1969), Kom-
ponist
Helene W. – Helene Weigel
(1900–1971), Schauspielerin
Günter W. – Günter Weisen-
born (1902–1969), Schriftsteller
Manfred W. – Manfred Wek-
werth (*1929), Regisseur
Anna W. – Anna Elisabeth
Wiede (*1928), Schriftstellerin
Hella W. – Hella Wuolijoki
(1886–1954), Schriftstellerin

Carl Z. – Carl Zuckmayer
(1896–1977), Schriftsteller
Stefan Z. – Stefan Zweig (1881
bis 1942), Schriftsteller

Orte

Hotel A. – Hotel Adlon
Stadt A. – Augsburg
Stadt Ch. – Chicago
Stadt F. am Main – Frankfurt
am Main
Stadt L. – Leipzig
Hafenstadt M. – Marseille
Stadt M. – München
Stadt N.Y. – New York
Bruderland Ö. – Österreich
Hafenstadt R. – Rostock
Hauptstadt W. – Warschau
Stadt Z. – Zürich

Inhaltsverzeichnis

Hacks-Anekdoten bei Eulenspiegel

Pasiphaë
Was ist das hier?
130 Anekdoten über Peter Hacks und dreizehn anderweitige

Peter Hacks ist unbestritten eine der herausragenden Gestalten der deutschen Gegenwartsliteratur und der DDR-Geschichte. Seine Werke erscheinen seit 1954, seine Dramen werden seit 50 Jahren auf deutschen wie ausländischen Bühnen gespielt, seine Gedichte stehen in den Schulbüchern des Landes. Er ist mit der Zeit ein Klassiker geworden, und kürzlich ist bei Eulenspiegel eine fünfzehnbändige Werkausgabe mit kanonischem Charakter erschienen. Woran es bislang mangelte, sind zuverlässige, über die allgemeinsten Eckdaten hinausgehende biographische Auskünfte von diesem Peter Hacks. Nun endlich hat eine schöngeistige Autorin Umstände und Begebenheiten aus seinem Leben näher untersucht und die bedeutendsten zu kleinen, aussagekräftigen und pointierten Geschichten verdichtet. Darin begegnet man zahlreichen bekannten Persönlichkeiten und gewinnt höchst ungewöhnliche Perspektiven auf Ereignisse der Dichtungsgeschichte. Jeder an Leben und Werk von Peter Hacks Interessierte kann hier seine Neugier befriedigen, und auch dem wissenschaftlich Tätigen wird das Buch eine willkommene Handreichung für seine Arbeit sein.

96 S., geb., 9,90 Euro
ISBN 3-359-01305-0

ISBN-10: 3-359-01314-X
ISBN-13: 978-3-359-01314-3

© 2006 Eulenspiegel · Das Neue Berlin Verlags-
gesellschaft mbH & Co. KG
Rosa-Luxemburg-Str. 39, 10178 Berlin
Umschlaggestaltung nach einem Reihenentwurf von
Matthias Gubig, unter Verwendung eines Brecht-Fotos
Druck und Bindung: Salzland Druck, Staßfurt

Die Bücher des Eulenspiegel Verlags
erscheinen in der Eulenspiegel Verlagsgruppe.

www.eulenspiegel-verlag.de